SOCIÉTÉ DES ANTIQUAIRES DE PICARDIE

BIBLIOTHÈQUE

CATALOGUE

DES

MANUSCRITS

PAR

M. CLOVIS BRUNEL

ARCHIVISTE DE LA VIENNE
MEMBRE TITULAIRE NON RÉSIDANT DE LA SOCIÉTÉ

PARIS
TYPOGRAPHIE PLON-NOURRIT et Cie
8, RUE GARANCIÈRE — 6e
—
1917

CATALOGUE

DES

MANUSCRITS

DE LA

SOCIÉTÉ DES ANTIQUAIRES DE PICARDIE

Extrait du *Catalogue général des manuscrits des Bibliothèques publiques de France, publié sous les auspices du Ministère de l'Instruction publique et des Beaux-Arts.*

MANUSCRITS

DE LA

SOCIÉTÉ DES ANTIQUAIRES DE PICARDIE

A AMIENS

La Société des Antiquaires de Picardie, fondée en 1836, est particulièrement riche en manuscrits, grâce à la libéralité d'un de ses anciens membres, Victor Cauvel de Beauvillé (1), mort le 7 mai 1885, qui lui a légué une somme importante avec mission d'en employer les intérêts « à l'achat de manuscrits, de plans et dessins originaux, ou d'autographes intéressant la Picardie ». Avant ce don, la collection de la Société était uniquement composée de manuscrits offerts. Elle comprenait surtout les archives du château d'Heilly, source intéressante de l'histoire du XVIe siècle, qui avaient été données par Mme Garnier, en souvenir de son mari, ancien secrétaire perpétuel. Les arrérages du legs de M. de Beauvillé permettent maintenant de précieux achats. On a pu notamment acquérir une bonne partie des manuscrits du marquis de Belleval (2) et recueillir,

---

(1) Voir H. Josse, *Notice sur M. Victor de Beauvillé,* dans le *Bulletin de la Société des Antiquaires de Picardie,* t. XV (1883-1885), p. 358.

(2) La collection du marquis de Belleval, constituée de documents relatifs au Ponticu, a été partagée entre la Bibliothèque nationale, la bibliothèque d'Abbeville, la bibliothèque des Antiquaires de Picardie, et diverses bibliothèques privées. Un inventaire en a été donné en tête de la *Chronologie d'Abbeville et du*

au hasard des ventes, un grand nombre de pièces détachées aujourd'hui groupées en *Mélanges*. Les dons ne cessent pas en outre d'accroître la collection. Parmi ceux-ci, il faut signaler le legs de nombreuses notes relatives au département de la Somme fait par l'archéologue Charles Pinsard, mort le 29 juin 1911.

Telle qu'elle est actuellement, la collection dont suit l'inventaire est surtout riche en documents d'archives et en copies d'érudits. On peut citer parmi les manuscrits les plus importants l'*escritel* des maîtres de la confrérie du Puy Notre-Dame d'Amiens, manuscrit à miniatures du XV° siècle (n° 23), le cartulaire de Saint-Laurent-au-Bois (n° 62), et un fragment d'un cartulaire de l'abbaye de Valloires (n° 63).

Un catalogue partiel de ces manuscrits figure sous la lettre T du *Catalogue de la bibliothèque de la Société des Antiquaires de Picardie, séries O, P, Q, R, S et T*, publié en 1900 par le secrétaire perpétuel actuel de la Société, M. R. de Guyencourt. Les manuscrits y sont répartis en deux classes suivant qu'ils sont antérieurs ou postérieurs à 1789; nous donnons ci-après un tableau de concordance entre les numéros de ce catalogue et les numéros du nôtre (1).

C. BRUNEL.

Mars 1917.

---

comté de Ponthieu, par le marquis DE BELLEVAL (Paris, 1899, in-8°). Dans cette collection était entrée en bloc la partie relative au Pontieu des manuscrits du marquis Le Ver. Cf. *Catalogue de la bibliothèque de feu le marquis Le Ver* (Paris, 1886, in-8°). — Sur l'achat de manuscrits du marquis de Belleval par la Société, voir F. POUJOL DE FRÉCHENCOURT, *Rapport sur l'acquisition de manuscrits faite à Beauvais le 23 janvier 1901*, dans le *Bulletin de la Société des Antiquaires de Picardie*, t. XXI (1901-1903), p. 71, et *Rapport sur l'acquisition de manuscrits faite à Paris le 28 novembre 1902*, ibid., p. 584.

(1) Les manuscrits présentés aux divers concours font en réalité partie des Archives de la Société. Ils ne sont pas décrits ici; on en trouvera l'inventaire dans les divisions T. III et T. IV du catalogue de M. R. de Guyencourt.

CONCORDANCE

DES NUMÉROS ANCIENS ET NOUVEAUX

COTES ANCIENNES	NUMÉROS NOUVEAUX	COTES ANCIENNES	NUMÉROS NOUVEAUX
T. I. — 1	62	T. I. — 25-2	29
T. I. — 2	1	T. I. — 25-3	32
T. I. — 3	24	T. I. — 25-4	27
T. I. — 4	6	T. I. — 25-5	30
T. I. — 5	55	T. I. — 25-6	31
T. I. — 6	25	T. I. — 26	79
T. I. — 7	141	T. I. — 27	45
T. I. — 8	37	T. I. — 28	183
T. I. — 9	34	T. I. — 29	80
T. I. — 10	207	T. I. — 30	40
T. I. — 11	35	T. I. — 31	41
T. I. — 12	64	T. I. — 32	42
T. I. — 13	26	T. I. — 33	53
T. I. — 14	3	T. I. — 34	56
T. I. — 15	5	T. I. — 35	54
T. I. — 16	2	T. I. — 36	57
T. I. — 17	7	T. I. — 37	57-59
T. I. — 18	104	T. I. — 38	38
T. I. — 19	36	T. I. — 39	175
T. I. — 20	8	T. I. — 40	92
T. I. — 21	4	T. II. — 1	66
T. I. — 22	9	T. II. — 2	12-13
T. I. — 23	178-180	T. II. — 3	152
T. I. — 24	169	T. II. — 4	144
T. I. — 25-1	28	T. II. — 5	145

COTES ANCIENNES	NUMÉROS NOUVEAUX	COTES ANCIENNES	NUMÉROS NOUVEAUX
T. II. — 6	177	T. II. — 32	193
T. II. — 7	142	T. II. — 33	194
T. II. — 8	212-213	T. II. — 34	216-217
T. II. — 9	208	T. II. — 35	176
T. II. — 10	153	T. II. — 36	186
T. II. — 11	22	T. II. — 37	197
T. II. — 12	70	T. II. — 38	205
T. II. — 13	71	T. II. — 39	200
T. II. — 14	154	T. II. — 40	49
T. II. — 15	185	T. II. — 41	143
T. II. — 16	77	T. II. — 42	81-86
T. II. — 17	78	T. II. — 43	184
T. II. — 18	48	T. II. — 44	67
T. II. — 19	189	T. II. — 45	199
T. II. — 20	190	T. II. — 46	198
T. II. — 21	195	T. II. — 47	87
T. II. — 22	191	T. II. — 48	206
T. II. — 23	73-76	T. II. — 49	203
T. II. — 24	170	T. II. — 50	181-182
T. II. — 25	171	T. II. — 51	211
T. II. — 26	68	T. II. — 52	188
T. II. — 27	65	T. II. — 53	202
T. II. — 28	69	T. II. — 54	196
T. II. — 29	44	T. II. — 55	11
T. II. — 30	187	T. II. — 56	156-167
T. II. — 31	192	T. II. — 57	47

1 (T. I. — 2). Vie, invention du corps, et miracles de saint Josse, par Isembard, moine de Fleury, et Florent, abbé de Saint-Josse-sur-Mer.

Vita. Fol. 1. « Universis sacrosancte matris Ecclesie fidelibus... abbas et conventus Sancti Judoci supra Litus Maris salutem mentis et corporis. Ferventi ac devota... — ...et terrenum contempsit imperium. » — Fol. 1 v°. « Prologus in vita beati Judoci confessoris. Divinis et patribus... — ...dulcis in nobis et pia commendatio. » — Fol. 3 v°. « Item prologus secundum ethimologiam nominis Judoci. Preciosum virtutis speculum... — ...debitum exemplum impendit. » — Fol. 5. « Sequitur genealogia sancti patris nostri Judoci. Riuvalus, Britannie dux... — ...ipsum pugniat in evum. »

Inventio. Fol. 49. « Incipit prologus inventionis corporis sanctissimi patris nostri Judoci. Regni Francorum proceres... — ...ut sese habet jam exequantur. Explicit prologus inventionis sanctissimi patris nostri ac patroni Judoci. » — Fol. 51 v°. « De inventione corporis sanctissimi patris nostri Judoci. Larga omnipotentis Dei clementia... — ...in summa et numero colligere. »

Miracula. Fol. 57. « Prologus in miraculis beati patris nostri Judoci. Cum omnipotentis Dei... — ...Domino recitare studebimus. » — Fol. 57 v°. « Sequitur alius prologus S. Judoci. Mirabilis Deus... — ...audientium breviter explicare. » — Fol. 58. « Item alius prologus. Quia vero beatus Judocus... — ...honore nobis retulerunt. » — Fol. 58 v°. « Incipiunt capitula miraculorum. » — Fol. 60. « De cereorum illuminatione. Postquam sanctissimum... — ...vitam eternam habeatis per ipsum... seculorum. Amen. »

Fol. 112 v°. « De curatione cujusdam nobilis leprosi. Noverint omnes... quod anno Domini millesimo quadringentesimo octavo... — ...sic signatum Thomas Radulphi. »

Fol. 113 v°. « De liberatione cujusdam Anne a quatuor demonibus possesse miraculum. Anno Domini millesimo quingentesimo vigesimo primo... — ...dicentes *Te Deum laudamus*, etc. »

Voir *Bibliotheca hagiographica latina*, n°ˢ 4505-4511.

Sur les gardes : « Ce présent livre appartient à l'abaye du couvent de St-Josse-sur-la-Mer d'en Picardye. 1656. » Ex-libris de Charles Henneguier.

Consulter sur ce ms. J. Corblet, *Hagiographie du diocèse d'Amiens*, t. III, p. 137.

XVIe siècle. Parchemin. 118 feuillets. 190 sur 140 millim. Reliure en parchemin, de l'an 1657; traces de fermoirs. (Acquis en 1892 à la vente de la bibliothèque de Charles Henneguier, de Montreuil-sur-Mer.)

2 (T. I. — 16). « L'Office de la nuit, exceptez les grands répons. » Manuscrit calligraphié par la sœur Marie-Louise Lallart, religieuse de la chartreuse du Mont-Sainte-Marie, à Gosnay, en 1786.

XVIIIe siècle. Papier. 250 feuillets. 240 sur 180 millim. Reliure en veau noir, avec coins et fermoirs de cuivre. (Don du chanoine Marle.)

3 (T. I. — 14). « In festis S. Richarii. Ad processionem. » Office noté.

XVIIIe siècle. Papier. 20 pages. 240 sur 185 millim. Broché.

4 (T. I. — 21). « Casus Summo Pontifici et episcopo Ambianensi in sua diœcesi reservati, dati a domino Dodifrais, congregationis Missionis professore. Qui quidem casus a Joanne Baptista de Brecq fuerunt scripti anno M VIIe XXXVI. »

XVIIIe siècle. Papier. 192 pages. 150 sur 125 millim. Reliure en cuir fauve.

5 (T. I. — 15). Feuillets d'un manuscrit du *Roman de la Rose*.
Fol. 1. « Des foulz vanteurs.

> Si se sunt maint vanté de maintes   9887
> Par paroles fauses et faintes,   (éd. Méon.)
> Dont les cors avoir ne povoient... »

Fol. 4 v°, fin :

> « Le cuir au mains li demoroit,
> Dont quelqne chose avoir pouroit,
> Ou s'il a si le cheval chier... »   10827.

Titres en rouge; lettrines en rouge, bleu et or.

Fol. 1 v°, note du XVIIIe s. : « Feuille d'un manuscrit du Roman de la Roze, lequel roman M° Bellefort avoit trouvé à l'inventaire... et qu'il a dispersé, n'en connoissant pas la valeur. »

Manque au milieu du cahier un double feuillet correspondant aux vers 10201-10508.

XIV° siècle. Parchemin. 4 feuillets, à 2 colonnes. 310 sur 225 millim. Broché.

6 (T. I. — 4). « Manuscrits originaux ou œuvres de M° Claude Le Matre, seigneur de Haidicourt, citoyen et échevin d'Amiens, concernant la deffense de cette ville pendant la Ligue, la manière de la fortifier contre les surprises et incursions des ennemis, et la conservation de ses privilèges et de ses habitans. »

Au verso d'un feuillet de garde préliminaire, note sur les personnes tuées dans la surprise d'Amiens.

Fol. 1. « Ode sur deux discours présentez à Messieurs maieur, prévòt et échevyns d'Amiens par Claude Le Maytre, s^r d'Aydicourt, cytoien d'Amiens, ès années mil V° LXXIX et IIII^{xx}. »

> « Come l'ame mouvante
> De cette grande plante
> Du globeus unyvers,
> Un chacun jour découle
> En ce terrestre moule
> Milz beaux efectz dyvers... »

Fol. 11. « A sire Augustin de Louvencourt, maieur de la vile d'Amyens. » Copie d'une lettre de Claude Lematre, 27 février 1596.

Fol. 11 v°. « A nobles et prudens signeurs, nossigneurs maieur, prévòt et échevins de la vile d'Amyens. » Avis sur les mesures à prendre pour défendre la ville.

Fol. 31. « A nobles et prudens seigneurs, messeigneurs maieur, prévost et eschevins de la ville et cité d'Amyens, Claude Le Mattre, etc... » Autre avis sur le même sujet.

Fol. 62. « Du mois de novembre 1636. Project d'arrest sur tout ce qui est à régler en la ville d'Amyens pour la police, garde et fortiffication d'icelle. »

Fol. 31. Ex-libris, daté 1689, de l'avocat Montmignon, descendant de Lematre.

XVI° et XVII° siècles. Papier. 71 feuillets; les 28 premiers mesurent

147 sur 202 mi lim., et les autres 192 sur 280 millim. Reliure en parchemin. (Don Garnier.)

7 (T. I. — 17). « Registre des fondations, bienfaicteurs, acquisitions, supérieurs, et autres choses considérables qui concernent ce couvent de Saint-Joseph des Carmes déchaussez de cette ville d'Amiens, depuis son établissement en 1648 », jusqu'en 1747.

Page 201. Éloge du Père Innocent de Saint-Jacques, auteur de ce manuscrit, mort le 29 février 1748.

Page 394. « Regula primitiva fratrum Carmelitarum. »

Page 396. « Observationes cœnobii eremitici fratrum eremitarum Carmeli Montis, cum observantia prædictæ regulæ primitivæ in monte Ennatrof in Scotia circa annum Domini 1270, per fratrem Eulalium, Carmeli eremitam, compilatæ. »

Page 405. « Ejusdem venerabilis fratris Eulalii eremitæ... ad fratres eremum deserentes epistola. »

Page 414. « Comment notre saint Ordre est l'Ordre de la très sainte Vierge et reconnoit pour son instituteur le saint prophète Élie. »

Page 434. « Coppie d'un manuscrit qui est entre les mains de Monsieur Vilman, chanoine de la cathédrale de cette ville d'Amiens, écrit de la propre main du R. P. Ignace de Jésus et Marie, qui fut le premier envoyé pour fonder ce couvent, et où plusieurs choses très remarquables sont rapportées, qu'on ne trouve pas même dans nos Annales. »

Page 442. « Privilèges du saint scapulaire. »

Page 458. Table de la première partie de ce manuscrit.

Page 527. « Registre des fondations faites en ce couvent de Saint-Joseph des Carmes déchaussez de cette ville d'Amiens, depuis son établissement en 1648, » jusqu'en 1747.

XVIIIe siècle. Papier. 529 pages. 340 sur 220 millim. Reliure en parchemin. (Provient de l'abbé Pouillet, curé de Moyencourt-sous-Poix, puis de l'abbé Roze, curé de Tilloy-lès-Conty.)

8 (T. I. — 20). « L'origine des pèlerinages et comment on les doit faire, » par l'instituteur Pierre Bernard, d'Amiens, avec le récit des pèlerinages entrepris par le même.

Fol. 20. Pèlerinage de saint Vast, à Camon, 1730.

Fol. 23. Pèlerinage de saint Acheul, saint Domice, sainte Ulphe, Sains et Saint-Fuscien, 1734.

Fol. 36. Pèlerinage de Notre-Dame-des-Vertus, 1738.
Fol. 41. Pèlerinage de la Sainte-Larme à Selincourt, 1740.
Fol. 47. Pèlerinage du saint Calvaire d'Arras, 1741.
Fol. 58. Pèlerinage de saint Ouen, à Démuin, 1748.
Fol. 61. Pèlerinage de saint Sulpice, à Breilly, 1748.
Fol. 64. Pèlerinage de saint Antoine, à Conty, 1749.
Fol. 68. Pèlerinage de Notre-Dame-des-Grâces, 1756.
Fol. 72. Pèlerinages de saint Pierre, la Madeleine et saint Maurice, 1761.
Fol. 80. Pèlerinage de saint Pierre, à Corbie. — Incomplet de la fin.

XVIIIe siècle. Papier. 87 feuillets 240 sur 180 millim. Broché. (Collection A. Dubois, acquis en 1900.)

9 (T. I. — 22). *Le Méchant*, comédie, par Gresset. Édition in-8°, sans titre, accompagnée de 7 feuillets de notes autographes de l'auteur.

Fol. 1. « Matériaux de la comédie du *Méchant*, écrits de la main même de Gresset. Ils m'ont été donnés, au mois de juin 1822, à Mareuil (arr. d'Abbeville), par M. Gresset aîné, maire de cette commune et neveu de l'auteur. » — Ex-libris gravé du comte de Mandre.

XVIIIe siècle. Papier. Reliure mod. en mar. vert, aux armes du comte de Mandre. (Provient d'une vente du baron Pichon.)

10. « Codex philosophiæ. » Cours de philosophie du professeur Sénéchal, recueilli par J.-B. Vassel, élève du collège d'Amiens, en 1789.

XVIIIe siècle. Papier. 177 feuillets. 235 sur 190 millim. Reliure en cuir fauve. (Don de M. Eusèbe Vassel, en 1909.)

11 (T. II. — 55). « Manuscrit autographe des *Souvenirs d'un vieux Picard*, de l'abbé Thiron, ancien élève de la maîtrise d'Amiens, 1771-1781. »

Publié par l'abbé J. Gosselin, dans *La Picardie*, 1863, p. 433 et suiv.

XVIIIe siècle. Papier. 86 pages. 200 sur 160 millim. Broché. (Don de l'abbé J. Gosselin.)

12 (T. II. — 2). « Souvenirs d'un Amiénois sur quelques crimes de la Révolution et les excès de ses adeptes, mis en vers par un ancien élève des très chers frères de la Doctrine chrétienne de la maison d'Amiens. An 1825. »

Page 31. « Copie de la lettre de Sanson, exécuteur des hautes œuvres, à Paris, au rédacteur du journal patriote *le Thermomètre*, 20 février 1793. »

Page 32. « Copie de la lettre du roi Louis XVI à son frère, S. A. R. Monsieur, 20 janvier 1793. » — « Envoi des souvenirs à une dame royaliste. »

Page 33. « Tout ce qu'on a chanté et tout ce qu'on a vu. » Chanson. — « Réponse d'un électeur municipal, auquel on demandoit pourquoi il ne vouloit faire serment pour vôter. » Chanson.

Page 34. « Généalogie historique de la Terreur. »

Page 35. « Constitutions impérissables de la France régénérée en 1789. »

Page 36. « Émeutes, conspirations, insurrections et autres ingrédiens énergiquement révolutionnaires, propres à bouleverser la société, à détrôner les rois et à renverser les gouvernements réputés les plus solides, employés par les badauds de Paris depuis l'an de grace 1788. »

XIXe siècle. Papier. 42 pages. 290 sur 230 millim. Cahier cartonné.

15 (T. II. — 2). Copie du manuscrit précédent, s'arrêtant après la lettre de Sanson, faite par Natalis de Lamorlière, secrétaire de l'Académie d'Amiens, en 1830.

XIXe siècle. Papier. 22 feuillets. 260 sur 210 millim. Cahier cartonné.

14-21. « Registre de notes particulières et de relations et réminiscences appartenant à Édouard Lambert de Beaulieu, chevalier de Saint-Valery. »

Voir *Bulletin de la Société des Antiquaires de Picardie*, t. XXI (1901-1903), p. 590.

XIXe siècle. Papier. 8 volumes, respectivement de 192, 396, 386, 362, 388, 381, 380 et 375 pages. 355 sur 240 millim., sauf le tome VIII, de 420 sur 265 millim. Reliure en basane verte. (Collection De Belleval, acquisition de 1902.)

22 (T. II. — 11). Recueil de chansons et poésies.

1) Copie d'un feuillet petit in-4°, imprimé des deux côtés, sans nom d'imprimeur. « Éloge funèbre de Monseigneur l'évêque d'Amiens. » — « Complainte sur le même sujet. » Note du copiste (XIXe s.) :

« Il est probable que cet imprimé se vendit dans les rues d'Amiens le jour de l'enterrement du prélat, qui eut lieu le 13 juin 1774. » — 2) Poésie picarde : « Eune prend point atache a che quoto dit lili... Amiens,. ce 28 vendémiaire an 8ème. Desdé la Manche, ouvrier a che grand lari. » — 3) « Réponse de M. l'archevêque aux Jésuites. Sur l'air : Tout roule aujourd'huy dans le monde. Tout roule aujourd'hui dans l'Église... » (XVIIIe s.). — 4) « Horoscope du nouveau musée d'Amiens, dont Monsieur l'abbé Renard se dit le père : *Prole parens simili gaudet, per compita jactat...* » — « Le nouveau Sinonime des payeurs du musée d'Amiens. Oui, j'en réponds, une gloire immortelle... » (XVIIIe s.) — 5) « Bouquet picard... D'pi qu'éj sai qu'ché d'min vo fête... » (XIXe s.). — 6) « Pot pourri, par M. Radiguet, fils de M. Radiguet, secrétaire général de la Somme... Un brav' commissaire... » (XIXe s.). — 7) « La Mission... Ah! vive la Mission!... » (XIXe s.). — 8) « A M. de Grattier... Pour s'assurer à l'avance... » (XIXe s.). — 9) « Si j'avois pu marcher à pied, » lettre en vers (XIXe s.). — 10) « Couplets chantés au banquet offert par la ville d'Amiens à la troisième légion de la garde nationale de Paris, le 11 juin 1848... Soutiens de notre belle France... » (polycopie). — 11) « A Monsieur G..., 3 juillet 1864. Les deux amis. Un bon et vieux curé d'une petite ville..., B. D. » — 12) « Au poète Hémart. Quelle rage, dis-moi, te pousse à rimailler... (XIXe s., polycopie). — 13) « Ches francs reideux... Vlo septante ans qu'em'bonne... Victor Dècle. Extrait de ma vie rimée ayant trait à notre illustre compatriote Charles Dallery, ingénieur mécanicien. J'ai pour nom Victor D..., je suis enfant d'Amiens... Victor Dècle... » (XIXe s.). — 14) « Chanson de Gayant. Allons veux-tu venir compère » (XIXe s., polycopie).

XVIIIe et XIXe siècles. Papier. Liasse.

23. « Escritel » des maîtres de la confrérie du Puy Notre-Dame d'Amiens.

Fol. 7. Prologue :

> « Considerans auscunnes gens
> Notables de la cité d'Amiens
> . . . .
> Vela les noms de ceux quy establirent
> Cest escritel et les reffrains y mirrent
> Premierement, ainsy comme il s'ensieut. »

Fol. 9. Liste des maîtres de la confrérie du Puy, avec le refrain de leur tableau, et des indications sur les événements arrivés pendant leur maîtrise (1389-1523).

Fol. 21. Fondation de Marie Le Féron, 4 mars 1499 (nouv. style).

Fol. 21 v°. Fondation de Simon de Conty, 2 juillet 1500.

Fol. 22 v°. Acte de Pierre, évêque d'Amiens, en date du 20 décembre 1500, accordant à la confrérie le droit d'allumer des cierges devant les tableaux qu'elle dépose dans la cathédrale, et de s'ériger en corps à l'instar des chapelains de la cathédrale.

Fol. 24. Acte des doyen et chapelains de la cathédrale d'Amiens, en date du 29 janvier 1501 (nouv. style), accordant à la confrérie l'usage de la chapelle du Rouge Pilier pour y célébrer ses services, et le droit d'apposer des tableaux dans la cathédrale.

Fol. 25. Suite de la liste des maîtres de la confrérie (1525-1577).

Fol. 54. « Ordonnances piecha faictes par les maistres du Puy. »

Fol. 59 v°. Suite de la liste des maîtres de la confrérie (1578-1685).

Manque un feuillet préliminaire. Fol. 6 v°, miniature à pleine page, représentant les membres de la confrérie sous le manteau de Notre-Dame (XV° siècle). Initiales enluminées.

XV°-XVII° siècle. Parchemin. 77 feuillets. 275 sur 205 millim. Traces de reliure ancienne; les plats ont disparu. (Donné à E. Dusevel par J-B. Ledieu en 1836. Cédé à F. Pouy par les enfants d'E. Dusevel le 29 juillet 1881.)

24. (T. I. — 3). Compte de Lancelot de Bacouel, receveur du comté de Pontieu, pour l'an 1500-1501.

Fol. 1. « Coppie du vidimus des lettres patentes du Roy nostre sire, données à Molins le dix-neufiesme jour de mars l'an mil cinq cens, par lesquelles... ledit seigneur a donné et octroyé à Raoul Mannecier l'office de sergent de la forest de Cressy... »

Fol. 4. « Autre coppie de la coppie des lettres patentes du Roy nostre sire, données à Tours le xxiiii° jour de novembre l'an mil cinq cens..., par lesquelles... ledit seigneur a donné et octroyé à Jacques de Boubers l'office de sergent et garde des marés de la forest de Cressy... »

Fol. 60 v°. « Compte de Lancelot de Bacouel, receveur ordinaire de la conté de Ponthieu,... pour ung an entier commençant le lendemain de la feste Saint-Jehan-Baptiste... l'an mil cinq cens... »

Incomplet de la fin.

Analysé par René de Belleval, *Le compte de Lancelot de Bacouel*, dans ses *Lettres sur le Ponthieu*, 2ᵉ éd. (Paris, 1872), p. 195.

XVIᵉ siècle. Parchemin, 306 feuillets. 340 sur 295 millim. Reliure en parchemin, avec cordons. (Collection De Belleval, acquisition de 1892.)

25 (T. I. — 6). Registre aux délibérations de la communauté des Sœurs grises d'Amiens (1649-1786).

XVIIᵉ et XVIIIᵉ siècles. Papier. 375 pages. 210 sur 155 millim. Reliure en cuir fauve. (Don Garnier.)

26 (T. I. — 13). « Compte et état des blés, avoines et argents revenants et appartenants à l'office du grenier du chapitre de l'église cathédrale d'Amiens, que fait et rend Pierre-Joseph Pingré, prêtre, chanoine d'ycelle église, pour un an commençant au jour de Saint-Laurent mil sept cens cinquante deux et finissant à pareil jour mil sept cens cinquante trois. »

XVIIIᵉ siècle. Papier. 60 pages. 375 sur 240 millim. Reliure en parchemin, avec cordons.

27 (T. I. — 25-4). « Registre de 111 aveux servis à la seigneurie de Condé depuis le 10 juin 1737 jusqu'au 11 juillet 1772. »

Coté au XVIIIᵉ siècle : *quatre C*.

XVIIIᵉ siècle. Papier. 245 sur 180 millim. Reliure en parchemin, avec cordons.

28 (T. I. — 25-1). « Registre de 118 aveux, dont plusieurs sont mixtes, servis à la seigneurie de Folye et fief Boncœur, et quelques uns à la seigneurie de Condé, depuis le 5 décembre 1738 jusqu'au 30 may 1777. »

Coté au XVIIIᵉ siècle : *quatre J*.

XVIIIᵉ siècle. Papier. 245 sur 180 millim. Reliure en parchemin, avec cordons.

29 (T. I. — 25-2). « Registre contenant 76 aveux mixtes servis aux seigneurs de Condé, Folye, et fief Boncœur, depuis le 18 décembre 1758 jusqu'au 19 décembre 1761. »

Coté au XVIIIᵉ siècle : *quatre L*.

XVIII° siècle. Papier. 245 sur 180 millim. Reliure en parchemin, avec cordons.

50 (T. I. — 25-5). « Liasse de 73 aveux servis à la seigneurie de Folye depuis le 16 janvier 1784 jusqu'au 29 décembre 1788. »
Coté au XVIII° siècle : *quatre M*.

XVIII° siècle. Papier. 245 sur 180 millim. Portefeuille recouvert d'une feuille de parchemin, contenant un fragment, du XIII° siècle, d'un commentaire sur la Bible.

51 (T. I. — 25-6). « Liasse de 154 aveux servis à la seigneurie de Condé depuis le 16 janvier 1784 jusqu'au 8 mars 1789. »
Coté au XVIII° siècle : *quatre N*.

XVIII° siècle. Papier. 245 sur 180 millim. Portefeuille semblable au précédent.

52 (T. I. — 25-3). « Liasse de 100 aveux servis au fief Boncœur depuis le 16 janvier 1784 jusqu'au 10 mars 1789. »
Coté au XVIII° siècle : *quatre O*.

XVIII° siècle. Papier. 245 sur 180 millim. Portefeuille semblable au précédent.

53. État des fiefs du Pontieu.
Ex-libris gravé du comte du Liège.

XVIII° siècle. Papier. 274 pages. 210 sur 140 millim. Reliure en cuir fauve. (Don de M. Pierre Dubois, en 1906.)

54 (T. I. — 9). État des fiefs de Picardie.
Divisé par bailliages et par localités, cet état donne pour chaque fief le nom du propriétaire et le revenu. — Incomplet du début, manque une partie de la table des fiefs du bailliage d'Amiens.
Une copie de cet ouvrage par J. Garnier est annexée au manuscrit.

XVIII° siècle. Papier. 166 feuillets. 340 sur 225 millim. Reliure en cuir fauve. (Don de l'abbé Martin, curé du Pont-de-Metz, en 1880.)

55 (T. I. — 11). Pouillé de l'ancien diocèse d'Amiens.
Fol. 1-53. Tableau indiquant les cures, leur valeur, leurs présentateur, collateur et titulaire.

Fol. 54-58. Table donnant les cures, leur doyenné, le nombre de leurs communiants, leur valeur, l'état de leur église, et leur présentateur, faite en 1753.

XVIIIe siècle. Papier. 58 feuillets. 280 sur 220 millim. Reliure en parchemin. (Don de Mme Rembault, en 1875.)

36 (T. I. — 19). Ordonnances relatives au chapitre de l'église cathédrale d'Amiens (1336-1702).

Page 379. Bénéfices qui dépendent du chapitre. Tableau donnant pour chaque bénéfice le présentateur, le collateur et le revenu.

XVIIIe siècle. Papier. 409 pages. 190 sur 140 millim. Reliure en maroquin rouge. (Collection A. Dubois, acquis en 1900.)

37 (T. I. — 8). Coutume du gouvernement de Péronne, Montdidier et Roye.

XVIIe siècle. Papier. 518 pages. 295 sur 185 millim. Reliure en cuir fauve. (Don de M. E. Soyez, en 1892.)

38 (T. I. — 38). Procédure engagée à propos de la succession de Michel-Ferdinand, duc de Chaulnes, ouverte le 23 septembre 1769.

XVIIIe siècle. Papier. 60 pièces. Liasse.

39. Procédure entre l'entrepreneur de la salle de comédie d'Amiens et les maîtres menuisiers (1779-1783).

XVIIIe siècle. Parchemin et papier. 37 pièces. Liasse. (Don de F. Poujol de Fréchencourt, en 1905.)

40 (T. I. — 30). « Troisiesme répertoire de partie des actes reçeus par plusieurs notaires royaux en la ville et bailliage d'Amiens..., plus nombre de contracts de mariages et quelques autres actes tirez des répertoires du greffe du tabellionage d'Amiens..., quantité de contracts et actes concernans le chapitre de l'église cathédralle Nostre-Dame d'Amiens. » (1627-1728.)

Manquent les feuillets 3-7.

XVIIe et XVIIIe siècles. Papier. 78 feuillets. 250 sur 160 millim. Couverture en parchemin. (Collection A. Dubois.)

41 (T. I. — 31). Registre des minutes d'A. Perdu, notaire à Amiens, du 8 novembre 1672 au 25 août 1673, suivi du répertoire des actes du même, du 30 novembre 1678 au 16 janvier 1694. Incomplet du début.

XVIIe siècle. Papier. 43 feuillets. 290 sur 185 millim. Couverture de parchemin. (Collection A. Dubois.)

42 (T. I. — 32). Répertoire des contrats de mariage passés devant les notaires suivants : Hector Caron, Jacques Quatorse, Antoine Limeux, Philippe Dubois, Buteux, François Machart, Jean Ricard, François de Bacq, Pierre Francart, Firmin Roger, François de Bacq, Jean Quignon, Alexandre Roche, Nicolas Roche, Jean Denis, Louis Joly, Jean Martin, Jean Marchand, Pierre de Merlier, André Pécoul, Noel Peisé, Adrien Roche, Antoine Perdu, Augustin Perdu, Charles Trancart, Martin de Miraumont, Philippe de Fienne, Louis Caron, Martin Caron, Nicolas Carpantier, Nicolas Perdu, Claude Brie, François Carpantier, Nicolas Caron, Alexandre Rohault, Jean-Baptiste Cochepin, François de Saint-Fuscien, Benigne Magdeleine. (XVIe et XVIIe siècles.)

XVIIe siècle. Papier. 138 feuillets. 310 sur 195 millim. Cahiers cousus. (Collection A. Dubois.)

43. Registre en 3 parties : 1) « Registre pour servir aux soumissions des religieuses demeurantes en la commune d'Amiens, conformément à la loi du 24 messidor. » — 2) « Registre pour servir à la déclaration de cultes de la commune d'Amiens. » — 3) « Registre aux déclarations suivant l'article du *Bulletin de la France,* du 11 de ce mois, relatif aux déclarations des prêtres fonctionnaires publics du culte. » (An 3-an 6.)

XVIIIe siècle. Papier. 77 feuillets, de formats divers. Cahiers.

44 (T. II. — 29). « Registre contenant deux cens trente six feuillets, coté et parafé par nous Charles-Florimond Leroux, maire en charge de la municipalité d'Amiens, et relevant à l'inscription des déclarations à faire par les citoyens recevant chez eux des étrangers et par les étrangers eux-mêmes, en conformité de la délibération du conseil général de la commune du 19 septembre 1792. » (24 sept. 1792-11 vendémiaire an II.)

XVIII⁰ siècle. Papier. 360 sur 240 millim. Reliure en basane, avec cordons. (Collection A. Dubois.)

45 (T. I. — 27). Plan de la ferme de Beaurepaire, par Eustache-Sulpice Branquart, arpenteur, de la ville de Saint-Pol ; achevé le 20 septembre 1745.

Ce plan est divisé en 9 sections ; chaque section comprend une carte et un texte décrivant chacune des parcelles numérotées.

XVIII⁰ siècle. Papier. 32 feuillets. 380 sur 250 millim. Reliure en parchemin, avec cordons.

46. Cadastre de La Boissière, fait en 1791, par Pierre Martinval, maître d'école dudit lieu.

Fol. 1. État de sections. — Fol. 57. Matrice. — Petit atlas joint, de 88 pages (200 sur 160 millim.).

XVIII⁰ siècle. Papier. 169 feuillets. 310 sur 200 millim. Carton.

47 (T. II. — 57). Plan d'un arc de triomphe à élever à Nampont-Saint-Martin, en l'honneur de Napoléon 1ᵉʳ.

Instruction pour le montage, signée : A. Godde.

XIX⁰ siècle. Papier. 4 pièces. Liasse. (Don de M. L. Matifas, le 27 février 1902.)

48 (T. II. — 18). Registre contenant les signatures des visiteurs de la cathédrale d'Amiens, tenu par le suisse Cozette (1841-1858).

XIX⁰ siècle. Papier. 185 pages. 290 sur 190 millim. Reliure moderne. (Collection A. Dubois.)

49 (T. II. — 40). Inventaire des titres intéressant la famille De Belleval.

XIX⁰ siècle. Papier. 119 feuillets. 310 sur 195 millim. Reliure moderne. (Collection De Belleval, acquisition de 1901.)

50. Papiers de la famille Judas (1569-1780).

XVI⁰-XVIII⁰ siècle. Parchemin et papier. 54 pièces. Liasse. (Don de F. Poujol de Fréchencourt, en 1905.)

51. Papiers de la famille Potron (1774-1822).

XVIII⁰ et XIX⁰ siècles. Papier. 19 pièces. Liasse. (Don de M. Matifas.)

52. Archives du château d'Heilly.

Actes divers. Pièces analysées par J. Garnier, *Inventaire de quelques papiers provenant du château d'Heilly*, dans les *Mémoires de la Société des Antiquaires de Picardie*, t. IX (1848), p. 311, rangées dans l'ordre et sous la cote de cet inventaire, à l'exception des articles VII (ci-après n° 53), XIX (ci-après n° 54), XX à XXVI, XXVII (ci-après n° 56), XXIX (ci-après n° 55), XXX à XXXIV, XXXVI et XLVI (1464-1634).

XVe-XVIIe siècle. Parchemin et papier. 40 pièces. Liasse. (Don Garnier.)

53 (T. I. — 33). Archives du château d'Heilly.

« Comptes que faict et rend Simon Hubellée, demourant à Corbie, à noble et puissant seigneur messire Adrien de Pisseleu, chevalier, seigneur de Heilly et de Ribemont,... de la recepte et mise par luy faicte du revenu de la terre et seigneurie de Heilly... pour ung an entier commenchant au premier jour d'octobre 1541... »

Cf. J. Garnier, *op. cit.*, n° VII.

XVIe siècle. Papier. 214 feuillets. 280 sur 200 millim. Couverture en parchemin. (Don Garnier.)

54 (T. I. — 35). Archives du château d'Heilly.

Compte pour l'an 1576, présenté le 20 juillet 1577 à Jean de Pisseleu, seigneur d'Heilly, par Antoine Cudefer, son receveur.

Cf. J. Garnier, *op. cit.*, n° XIX.

XVIe siècle. Papier. 191 feuillets. 300 sur 210 millim. Couverture en parchemin. (Don Garnier.)

55 (T. I. — 5). Archives du château d'Heilly.

Compte de tutelle rendu par Marie de Gondy, veuve de Léonor de Pisseleu, seigneur d'Heilly, tutrice de ses enfants mineurs.

Analysé par J. Garnier, *op. cit.*, n° XXIX.

XVIIe siècle. Papier. 408 feuillets. 330 sur 220 millim. Reliure en basane. (Don de l'abbé Friant, curé d'Hornoy, en 1847.)

56 (T. I. — 34). Archives du château d'Heilly.

« Inventaire faict des biens meubles, tiltres et pappiers demeurez après le trespas de deffunct Mre Léonor de Pisseleu, vivant chevalier, seigneur d'Heilly, le 27 janvier 1614. »

Cf. J. Garnier, *op. cit.*, n° XXVII.

XVII° siècle. Papier. 120 feuillets. 310 sur 200 millim. Cahiers cousus. (Don Garnier.)

57 (T. 1. — 36 et 37). Archives du château d'Heilly. Correspondance.

Minutes de lettres envoyées par M. d'Heilly, gouverneur d'Hesdin, et sa famille : 1) à son père (12 sept. 1543); — 2) à Mgr de Vendôme (1" juillet 1544) ; — 3) aux hommes d'armes de sa compagnie (7 sept. 1545); — 4-6) au roi (20 sept. 1544, 23 oct. 1545, 7 févr. 1560, n. st.); — 7) à la reine (14 janv. 1568); — 8) au roi (6 juin 1569); — 9) à Madame d'Este (27 juin 1569); — 10) au duc de Longueville (23 mars 1573); — 11) au roi (même date); — 12) au duc de Longueville (23 mai 1573); — 13) à Monsieur (25 mai 1573); — 14-15) au roi (9 sept. 1576, 7 mars 1578); — 16) à la reine (3 décembre 1577); — 17) au roi (même date); — 18) à M⁺ Constantin (1" oct. 1641).

Copies : 19) de cinq lettres écrites à sa famille par A. de Heilly, clerc régulier mineur à Rome (1642); — 20) d'une lettre de Louise de Pisseleu à M⁺ Brajeulx, son frère (6 juillet 1642); — 21) d'une lettre écrite par Marie de Gondy Heilly à son fils, clerc à Rome (29 juillet 1642); — 22) d'une lettre de la même à un inconnu (7 août 1642); — 23) d'une lettre d'A. de Heilly au chevalier de Gondy, à Florence (26 oct. 1642); — 24) d'une lettre du même à un inconnu (28 oct. 1642) ; — 25) d'une lettre du même à un religieux inconnu (10 sept. 1643); — 26) d'une lettre à la duchesse d'Aiguillon par un anonyme (XVII° siècle).

Copie de lettres du roi à Monsieur de Heilly, gouverneur d'Hesdin : 27) 23 mars 1540 ; — 28) 21 mai 1543 ; — 29) 2 sept. 1543 ; — 30) 3 janvier 1545; — 31) 26 janvier 1546; — 32) 9 février 1546; — 33) même date ; — 34) 31 mars 1546 ; — 35) 20 juillet 1546; — 36) 20 mai 1548; — 37) 28 décembre 1576.

38-43. Lettres au même par Anne de Pisseleu, sa sœur (1569-1583).

Lettres diverses adressées à « Monsieur d'Heilly » signées : 44) Antoine de Vendôme (5 juin 1543); — 45) Oudard du Biez (9 juin 1544); — 46) les élus en Pontieu (29 sept. 1544); — 47) Bouchet (15 mai 1544); — 48-50) Octavian Brosse (6 juillet 1572, 1" juillet 1572,

20 juin 1573); — 51) Alexandre Brosse (?) (19 août 1544); — 52) Henri de Bourbon (24 mars 1575, copie); — 53) Jossine de Pisseleu, sa sœur (2 février 1576); — 54) Octavian Brosse (8 sept. 1577); — 55) Jossine de Pisseleu (18 mars 1578); — 56) Daverion (26 mars 1579); — 57) Marie de Créquy (18 sept. 1583); — 58) de Gondy, en italien (1586); — 59-60) De Fouquesolles (29 sept. 15.., 30 sept. 15..); — 61) les députés du roi à Cambrai (16 janv. 15.., copie); — 62) Jossine de Pisseleu (20 nov. 15..).

63) Lettre à M. d'Erviller, à Heilly, signée : De Sachy d'Homécourt (15 sept. 1706); — 64) Lettre sans adresse signée : Jean d'Arcourt (XVIII° siècle).

65-75. Lettres adressées à Madame d'Heilly par Ant. de Heilly, son fils (1637-1644).

76-83. Lettres à la même par L. de Pisseleu-Fabroni, sa fille (1643-1645).

84-88. Lettres à la même, née Maria de Gondi, par Paccitea Povanina et Giacomo Romano, en italien (1604-1642).

89-102. Lettres adressées à Madame d'Heilly, signées : 89) De Beaulgeu (16 sept. 1547); — 90) Louis de Fleurigny (20 juillet 1584); — 91) De Brosse (3 août 1584); — 92) Sybert (17 mars 1626); — 93) Fr. Hyb. (10 février 1628); — 94) Rusca (24 juillet 1628); — 95) Illisible (21 nov. 1634); — 96) Heilly, son neveu (13 avril 1636); — 97) Illisible (28 oct. 1642); — 98) A. Tryel (9 nov. 1642); — 99) Pierre Dufour (17 juin 1644); — 100) Madeleine Gouffier (7 déc. 1647); — 101) Delorme (XVII° siècle); — 102) Raseux (XVII° siècle).

Voir Abbé Friant, *Lettres de plusieurs personnages célèbres trouvées au château d'Heilly*, dans les *Mémoires de la Société des Antiquaires de Picardie*, t. II (1839), p. 171.

XVI°-XVIII° siècle. Papier. Liasse. (Don Garnier.)

58 (T. 1. — 37). Archives du château d'Heilly.

1-29. Contracts et actes divers (1418-1674). — 30-158. Reçus (1563-1717).

XVI°-XVIII° siècle. Papier. Liasse. (Don Garnier.)

59 (T. 1. — 37). Archives du château d'Heilly.

1-46. Mémoires et pièces de procédure (XVI°-XVIII° siècle). — 47-84. Pièces diverses (XVI°-XVIII° siècle); à signaler : 52) acte de Henri VIII, roi d'Angleterre (25 oct. 1546, copie); — 61) mandement de Henri III (11 août 1583).

XVIᵉ-XVIIIᵉ siècle. Parchemin et papier. Liasse. (Don Garnier.)

60. Archives du château d'Heilly. Supplément.

Lettres envoyées par : 1) Jacques de Coucy, à son père, Mʳ d'Heilly (5 déc. 1543); — 2) D'Estrées, au même (5 sept. 1544); — 3) D'Eclebecq, au même (4 sept. 1574); — 4) Françoise de Warty, au même (10 août 1676). — 5) Copie de lettre écrite au roi par la même (9 déc. 1576). — Lettres envoyées par : 6) François de Moy, à Madame d'Heilly (10 mars 1582); — 7) Gondy, à sa tante, madame d'Heilly (8 déc. 1634); — 8) Antoine d'Heilly, à la même, sa mère (1ᵉʳ oct. 1641); — 9) Legras, à la même (26 juillet 1642); — 10) A. de Gondy, à la même, sa sœur (10 juillet); — 11 et 12) M. de Grignen à la duchesse d'Étampes (19 févr. et 22 déc.)

12 *bis*-19. Contrats.

20-26. Procédure.

27-86. Papiers divers (1489-1807).

XVᵉ-XIXᵉ siècle. Parchemin et papier. Liasse. (Don Garnier.)

61. « Livre pour les expéditions des balles, commencé le 27 février 1761 et fini le 12 janvier 1762. »

Donne la destination du colis, le nom du messager, son salaire, la marque de la marchandise et son prix.

XVIIIᵉ siècle. Papier. 27 pages. 250 sur 190 millim. Cahier. (Trouvé dans le grenier de la maison nº 6 de la rue Saint-Leu à Amiens, et offert par les propriétaires, MM. Joseph et Louis Hénin, en 1906.)

62 (T. I. — 1). Cartulaire de Saint-Laurent-au-Bois (1132-1198).

Fol. 1. « Incipiunt capitula cartarum ecclesie Sancti Laurentii. »

Fol. 2. « Incipit prologus Hugonis in cathalogo cartarum ecclesie Beati Laurentii de Nemore. »

Fol. 2 vº. « Carta Eugenii pape, » Viterbe, 11 mars 1149.

Fol. 3. « Carta Alexandri pape III, » Tusculum, 4 mars 1171.

Fol. 4. « Item Alexandri pape III, » Anagni, 3 décembre 11... — « Carta Henrici, Remensis archiepiscopi, » 1164.

Fol. 4 vº. « Carta Walteri, filii Walteri de Helli, » acte de Robert, évêque d'Amiens, 1168.

Fol. 6. « Carta Ambianensis ecclesie, » acte de Thierri, évêque d'Amiens, 1153.

Fol. 7. « Karta Balduini, filii Balduini de Dors, » acte de Thibaut, évêque d'Amiens, 1174.

Fol. 8. « Carta Eustatii de Baisiu, » acte de Thibaut, évêque d'Amiens, sans date.

Fol. 8 v°. « Carta Hugonis, abbatis Corbeie, de Merincort, » 1176. — « Carta Raineri et filiorum ejus, Raineri, Stephani et Balduini Incrensis, de libertate curie de Merincort, » acte de Garin, évêque d'Amiens, 1133.

Fol. 9. « Carta Anselli Campi Avene et Guidonis, fratis ejus, de libertate curie de Merincort, » acte de Thierri, évêque d'Amiens, sans date.

Fol. 9 v°. « Carta de mansione Fracti Molini de censu Sancti Firmini Confessoris, » acte de Garin, évêque d'Amiens, 1136. — « Karta Roberti, majoris de Henresart, » acte de Thibaut, évêque d'Amiens, sans date.

Fol. 10. « Secunda carta Baldrici et Lamberti, fratris ejus, de terra de Bavelannecurt, » acte de Thibaut, évêque d'Amiens, sans date.

Fol. 11. « Carta Hugonis de Morlaincort, » acte de Thibaut, évêque d'Amiens, 1175.

Fol. 11 v°. « Carta Roberti, majoris de Henresart, de terra de Seolz, » acte de Thibaut, évêque d'Amiens, sans date. — « Carta Roberti de Longa Aqua, de tribus curtillis de Glisi, de terra de Seols et de Bus Herberti, » acte de Robert, évêque d'Amiens, 1169.

Fol. 12. « Carta Alardi Incrensis, de Fracto Molino, » acte de Thibaut, évêque d'Amiens, 23 juillet 1176.

Fol. 12 v°. « Carta Hugonis et Hesselini de Morlaincurt, » acte de Thibaut, évêque d'Amiens, sans date.

Fol. 13. « Carta Bernardi de Baretangre, de terra de Seols, » acte de Thibaut, évêque d'Amiens, 1173.

Fol. 13 v°. « Carta Hugonis de Villanacurt et Eustachii, generis sui, et Walteri le Salvache, » acte de Robert, évêque d'Amiens, sans date.

Fol. 14. « Carta Guerrici Atrebatensis, de manso de Boesencurt, » sans date. — « Karta Nicholai, Corbeiensis abbatis, de Merincurt, » sans date.

Fol. 15. « Carta M., Strumensis abbatisse, de terra de Seols, » sans date. — « Carta monachorum Sancti Dionisii Ambianensis, de censu et libertate Novi Loci curie, » acte de Thierri, évêque d'Amiens, sans date.

Fol. 15 v°. « Carta communis de Saismunvilla, » acte de Thierri, évêque d'Amiens, sans date.

Fol. 16. « Carta Enfredi, de terra de Saismunvilla, » acte de Robert, évêque d'Amiens, 1168.

Fol. 16 v°. « Carta Petri de Vilers, de terra de Saismunvilla, » acte de Thibaut, évêque d'Amiens, sans date.

Fol. 17 v°. « Carta Galteri Machue et Ode, uxoris ejus, de terra de Saismunvilla, » acte de Robert, évêque d'Amiens, sans date.

Fol. 18. « De Pagano al Dent, » acte de Thibaut, évêque d'Amiens, 1174.

Fol. 19. « Carta Atrebatensis, de terra de Dounvilla, » acte de Guerri, abbé de Saint-Vast, 1152.

Fol. 19 v°. « Carta Radulfi de Hadincort, de terra de Dounvilla, » acte de Thibaut, évêque d'Amiens, 1147.

Fol. 20 v°. « Prima carta Fulconis de Kierriu, de terra et de nemore de Manevile, » acte de Thierri, évêque d'Amiens, 1163.

Fol. 21. « Carta Fulconis de Kerriu et participum suorum, de Maineville, » acte de Thibaut, évêque d'Amiens, sans date.

Fol. 22. « Carta de diversis possessionibus, » acte de Thierri, évêque d'Amiens, sans date.

Fol. 23. « Item, de minutis possessionibus, » notice impersonnelle, sans date.

Fol. 24 v°. « Carta Hugonis Campi Avene et Ingerrani, fratris ejus, et Guidonis, patrui eorum, de Merincort, » sans date. — Carta Guidonis de Kirriaco et Herberti, ejus cognati, de Bosencort, » acte de Thierri, évêque d'Amiens, sans date.

Fol. 25. « Carta Rogeri de Nigellula, de Bosencort, » acte de Thierri, évêque d'Amiens, 1164. — « Karta Hesselini de Riveria, de terra buxerie de Fresecurt de Concumaisnil, » acte de Thierri, évêque d'Amiens, sans date.

Fol. 26. « Carta Theoderici, Flandrensis comitis, » sans date. — « Carta Eustatii de Talemars, » acte de Thierri, évêque d'Amiens, sans date.

Fol. 26 v°. « Carta de Hesselino de Riveria, » acte de Thibaut, évêque d'Amiens, 1178.

Fol. 27. « Carta Willelmi, Remensis archiepiscopi, » Arras, 1180.

Fol. 27 v°. « Karta Radulfi de Bus, » acte de Thibaut, évêque d'Amiens, 1147.

Fol. 28 v°. « Carta Hesselini et Ingerranni, prepositi de Morlaincort, » sans date. — « Carta de Waltero Silvatico, » acte d'Enguerran, doyen de l'église d'Amiens, 1179. — « Carta Willelmi de Beilvaiz, » acte de Thibaut, évêque d'Amiens, sans date.

Fol. 29. « Carta Yberti de Jumellis, de situ de Regni, » acte de Garin, évêque d'Amiens, 1132.

Fol. 29 v°. « Carta Theobaldi, Ambianensis episcopi, de diversis possessionibus, » 1180.

Fol. 30. « Carta Bernardi de Baretangre, de terra de Seols quam in alodio possidebat, » acte de Thibaut, évêque d'Amiens, sans date.

Fol. 30 v°. « Carta Eustatii de Villanacurte et Johanis, filii ejus, de censu terragiorum suorum, » acte de Thibaut, évêque d'Amiens, 1181.

Fol. 31 v°. « Carta Rascendis de Wadencort, de terra de Fresecurt et de Buxeria, » acte de Thibaut, évêque d'Amiens, sans date. — « Carta Lucii pape III, » 1er décembre 1181.

Fol. 33. « Secunda carta Hugonis, abbatis Corbeie, de medietate decime quam habebat in terra juxta nemus Sancti Laurentii, » 1182. — « Carta Ingerranni, decani Ambianensis, unde supra, » acte de Thibaut, évêque d'Amiens, 1182.

Fol. 33 v°. « Carta Bernardi Heinel, » acte de Thibaut, évêque d'Amiens, 1183.

Fol. 34. « Carta Lucii pape III. » Segni, 5 septembre [1183].

Fol. 34 v°. « Carta Walteri, filii Laimulfi de Bertoucort, de Bellensilva, de Saisunvile, » acte de Thibaut, évêque d'Amiens, 1183.

Fol. 35 v°. « Carta Johannis, prepositi de Morlaincurte, de censu Hessilini de Bavelinecurt, » acte de Thibaut, évêque d'Amiens, sans date. — « Carta Eustatii de Baisiu, de censu Hesselini de Bavelanecurt, » acte de Thibaut, évêque d'Amiens, sans date.

Fol. 36. « Carta filiorum Walteri Gresill de Contai, de quodam novali, » acte de Thibaut, évêque d'Amiens, sans date.

Fol. 36 v°. « Carta Hesselini de Bavelainecurt, de censu ejusdem Hesselini, » acte de Thibaut, évêque d'Amiens, 1184.

Fol. 38 v°. « Carta Hugonis, filii Firmini de Douncel, » acte de Thibaut, évêque d'Amiens, sans date.

Fol. 39. « Carta Eustatii de Talemars, » acte de Thibaut, évêque d'Amiens, sans date. — « Carta de manso de Curcellis, » acte de Thibaut, évêque d'Amiens, sans date.

Fol. 39 v°. « Item, carta de manso de Curcellis, » acte d'Enguerran, doyen de l'église d'Amiens, sans date. — « Carta Johannis de Tileinecurt, » acte de Thibaut, évêque d'Amiens, sans date. — « Carta Hugonis, filii Firmini de Douncel, » acte de Thibaut, évêque d'Amiens, sans date.

Fol. 40. « Carta Radulfi, filii Warengoti de Monte Desiderii, » acte de Thibaut, évêque d'Amiens, 1186.

Fol. 40 v°. « Carta Enfredi, militis de Wadencort, » acte de Thibaut, évêque d'Amiens, sans date. — « Carta Drogonis Ambianensis, » août 1188.

Fol. 41. « Carta Johannis Paterne, » lettre de Philippe, chanoine de Reims, à Thibaut, évêque d'Amiens, sans date.

Fol. 41 v°. « Carta Walteri, filii Herberti Melols, » sans date. — « Carta Roberti de Vileinecurte, » acte de Robert Paulet et de Richard de Gerberoi, sans date.

Fol. 42. « Carta Johannis, prepositi de Morlaincort, de censu ejusdem Johannis, » acte de Thibaut, évêque d'Amiens, sans date.

Fol. 42 v°. « Carta Walteri de Helliaco, de censu Vallis, » acte de Nicolas, abbé de Corbie, 1189.

Fol. 43. « Item eadem, » acte de Thibaut, évêque d'Amiens, 1189.

Fol. 43 v°. « Carta Roberte, uxoris Elinanni de Kirriaco, » acte de Thibaut, évêque d'Amiens, 1189. — « Carta Hugonis, comitis de Sancto Paulo, » sans date.

Fol. 44. « Karta pro vivario de Bosencort, » lettre de N., abbé de Corbie, et W., abbé d'Arrouaise, à Th., évêque d'Amiens, sans date.

Fol. 44 v°. « Secunda carta Johannis Paterne, » acte de Thibaut, évêque d'Amiens, 1190. — « Carta Walteri de Dernencort, » acte de Thibaut, évêque d'Amiens, 1190.

Fol. 45 v°. « Carta Symonis de Kirriaco, de terra Bernardi de Hammel, » sans date. — « Carta Bernardi de Baretangre, de censu terragii de Seols, » acte de Thibaut, évêque d'Amiens, sans date.

Fol. 46. « Carta Hessilini censualis de Morlaincort, » acte de Thibaut, évêque d'Amiens, sans date.

Fol. 47. « Carta Eustatii de Talemars, de consuetudine terragiandi, » acte de Thibaut, évêque d'Amiens, 1190.

Fol. 47 v°. « De territorio Fracti Molendini. » Pouillé.

Fol. 48. « Carta Hugonis militis de Sancto Paulo, de libertate Fracti Molini, » 1198.

Cf. H. Stein, *Bibliographie des cartulaires*, n° 3464.

XIII° siècle. Parchemin. 48 feuillets, à 2 colonnes. 245 sur 180 millim. Reliure moderne. (Don de l'abbé Friant, curé d'Hornoy, en 1847.)

63 Fragment d'un cartulaire de l'abbaye de Valloires (1158-1256).
1. « Carta Roberti de Argovia » (1158). — 2. « Carta Walteri Tirelli, de Argovia » (1162). — 3. Carta Alelmi de Fontanis, de conventione Argovie inter ecclesiam de Valloiliis » (1183). — 4. « Carta Elizabeth, domine Argovie, de quinque jornalibus terre » (1200). — 5. « Carta Hugonis de Fontanis, de determinatione querelarum de Argovia » (1201). — 6. « Carta Willelmi de Bello Ramo, de nemoribus de Argovia » (1201). — 7. « Carta Hugonis de Fontanis pro Guydone de Argovia, de campo des Plaches » (1207). — 8. « Carta Hugonis de Fontanis, de concessione duarum carrucatarum Ricardi de Argovia » (1211). — 9. « Carta Hugonis de Fontanis confirmativa donorum et conventionum que fuerunt inter ecclesiam de Balanciis et inter dominum Argovie et heredes » (1222). — 10. « Carta Johannis de Cambron, militis et domini Argovie, de nemore de Moyemont » (1222). — 11. « Carta Alelmi de Belloramo super garandiam mariscorum et aliarum rerum » (1224). — 12. « Carta Alelmi de Bello Ramo, pro modiatione quam emimus ab eo » (1224). — 13. « Carta Alelmi de Bello Ramo, de quatuor viginti libris pro quartario Argovie » (1224). — 14-15. Chartes d'Élisabeth, comtesse de Saint-Pol, au sujet des donations d'Aleaume de Beaurain (1224). — 16. « Carta Johannis de Camberon, de elemosina Hugonis Lemoyne » (1228). — 17. « Carta Johannis de Camberon, de decem jornalibus terre » (1229). — 18. « Carta Hugonis de Fontanis, de decem jornalibus terre » (1229). — 19. « Carta Johannis [de Cambron], de elemosina infirmorum pauperum » (1234). — 20. « Carta [Johannis de Cambron], de decima Argovie » (1234). — 21. « Carta domine Elizabeth de Argovia, pro quodam terragio nobis dato » (1242). — 22. « Carta domine Elizabeth de Argovia, de xii jornalibus nemoris sitis in territorio de Wage » (1243). — 23. « Carta Elizabeth, de cappella infirmitorii » (1244). — 24. « Carta domine Argovie, pro ii journalibus terre que dedit Drogo in ecclesiam » (1256).

25. « Carta Alelmi de Fontanis de conventione Argovie inter ecleziam de Valloilliis » (1183). — 26. « De compositione inter Guidonem de Argovia et ecclesiam de Balanciis » (1196). — 27. « Carta Willelmi, comitis Pontivi, de concordia cum Guidone de Argovia » (1201). — 28. « Carta ad videndum Silvanécten*sium* contra dominum de Dourier super mariscis » (1221). — 29. « Cartula abbatis sancti Judoci [supra Mare] et Johannis Destacamp, de adjudicatione mariscorum abbatie Balanciarum » (1224). — 30. « Carta Hugonis Quieret, de mariscis subtus abbatiam sigillatas (*sic*) IIII^{or} sigillis », acte au nom de Geoffroi, évêque d'Amiens (1232). — 31. « Carta curie Ambianensis, de piscatoribus de Montigny » (1235).

XVe siècle. Papier. 16 feuillets. 295 sur 210 millim. Cahier. (Acquis en 1902.)

64 (T. I. — 12). Cartulaire de la seigneurie de Picquigny dit « livre rouge ».

Copie de l'original conservé aux Archives nationales sous la cote R^1 35, accompagnée d'une table par le marquis Le Ver.

N° 75 de la vente du marquis Le Ver.

Cf. H. Stein, *Bibliographie des cartulaires*, n°s 3028 et 3029

XVIIIe siècle. Papier. 544 pages. 360 sur 230 millim. Reliure en veau plein marbré. (Collection De Belleval, acquisition de 1892.)

65 (T. II. — 27). Copie par le marquis de Belleval des dix-huit premiers feuillets du cartulaire de la seigneurie de Picquigny.

Cf. H. Stein, *Bibliographie des cartulaires*, n° 3029.

XIXe siècle. Papier. 92 pages. 195 sur 140 millim. Deux cahiers. (Collection De Belleval, acquisition de 1901.)

66 (T. II. — 1). Extraits faits par le marquis Le Ver, en 1808, des deux cartulaires de l'abbaye de Dommartin conservés aux Archives du Pas-de-Calais (H. Stein, *Bibliographie des cartulaires*, n°s 3455 et 3456), suivis d'une table des noms de personnes et de lieux et d'une table chronologique.

N° 122 de la vente du marquis Le Ver.

XIXe siècle. Papier. 802 pages. 310 sur 200 millim. Reliure moderne. (Collection De Belleval, acquisition de 1892.)

67 (T. II. — 44). Copie par le marquis de Belleval de pièces originales du fonds de la commanderie de Fieffes, conservé aux Archives nationales, séries K, M et S (1154-1473).
Incomplet des deux premiers cahiers.

XIX° siècle. Papier. 46 pages. 195 sur 135 millim. Cahier. (Collection De Belleval, acquisition de 1901.)

68 (T. II. — 26). Copie par le marquis de Belleval du cartulaire de Notre-Dame de Gamaches, d'après le ms. 1850 de la bibliothèque Sainte-Geneviève à Paris.

XIX° siècle. Papier. 92 pages. 195 sur 140 millim. Deux cahiers. (Collection De Belleval, acquisition de 1901.)

69 (T. II. — 28). Copies et extraits par le marquis de Belleval d'actes concernant la ville, le comté et l'abbaye d'Eu, d'après le ms. 2030 de la bibliothèque Sainte-Geneviève à Paris.

XIX° siècle. Papier. 92 pages. 195 sur 140 millim. Deux cahiers. (Collection De Belleval, acquisition de 1901.)

70 (T. II. — 12). — « Visitation des bornes estans autour de la ville d'Amiens, faisans banlieue, faicte jeudy xvi° et vendredy xvii° jours de septembre l'an mil IIII° soixante et ung. »
Copie de la pièce des Archives nationales, cotée K 1213, n° 9.

XIX° siècle. Papier. 22 feuillets. 260 sur 170 millim. Cahier. (Don Pinsard.)

71 (T. II. — 13). Aveu et dénombrement de la seigneurie de Marconnelles, servis par Antoine Louvel, seigneur de Fresne, de Marconnelles et autres lieux, à Charles d'Ailly, duc de Chaulnes (27 septembre 1681).
Copie d'une pièce des Archives nationales conservée sous la cote R¹ 34.

XIX° siècle. Papier. 24 pages. 310 sur 200 millim. Cahier.

72. Copie par l'abbé Roze des fol. 63-*ad finem* d'un pouillé de l'évêché d'Amiens fait en 1301, décrit par J. Garnier dans les *Mémoires de la Société des Antiquaires de Picardie*, 2° série, t. VII (1860), p. 118, aujourd'hui conservé dans la collection de M. Léon Ledieu, à

Amiens, et publié par A. Longnon, *Pouillés de la province de Reims*, p. 517-557.

> XIX° siècle. Papier. 23 feuillets de formats divers. Liasse.

73-76 (T. II. — 23). « Extraits relatifs au Ponthieu du trésor généalogique de D. Villevieille, » par le marquis de Belleval.
73. Tome I. A-B. — 254 pages.
74. Tome II. C-F. — 304 pages.
75. Tome III. G-O. — 261 pages.
76. Tome IV. P-Z. — 315 pages.

> XIX° siècle. Papier. 390 sur 240 millim. Fiches montées en 4 volumes brochés. (Collection De Belleval, acquisition de 1901.)

77 (T. II. — 16). Copie de testaments et actes qui s'y rapportent relatifs au Pontieu (1271-1700).

> XIX° siècle. Papier. 302 pièces. 285 sur 215 millim. Reliure moderne. (Collection De Belleval, acquisition de 1901.)

78 (T. II. — 17). Copies de diplômes royaux, de gages, cautions et serments, d'assurements entre particuliers, de comptes, décharges et ordonnances, et de quittances relatifs au Pontieu (718-1710).

> XIX° siècle. Papier. 234 pièces. 285 sur 215 millim. Reliure moderne. (Collection De Belleval, acquisition de 1901.)

79 (T. I. — 26). Extraits relatifs à Ailly-sur-Somme de registres aux contrats, saisines et autres de la baronnie de Picquigny (1579-1738).

> XVIII° siècle. Papier. 278 feuillets. 365 sur 235 millim. Reliure en parchemin, avec cordons. (Acquis en novembre 1899 à la vente Gaffet à Tilloy-les-Conty.)

80 (T. I. — 29). « Extraict des contracts, comme mariages, ventes, testaments, tiltres presbiteralles et autres actes, tirez des répertoires et quy ont estez apportez au greffe du tabellionage d'Amiens par les notaires royaux en ladite ville d'Amiens, pour estre mis en grosse et tabellionez » (1692-1727).

> XVII° et XVIII° siècles. Papier. 124 feuillets. 340 sur 210 millim. Cartonné. (Collection A. Dubois.)

81-85 (T. II. — 42). Manuscrits de la main du marquis Le Ver.

81 (A). « Tables des noms propres et de lieux de mon extrait du premier volume des extraits d'actes originaux faits par feu M⁰ Flaman, notaire à Abbeville. » — 122 et 24 feuillets.

82 (B). « Table de l'extrait du second registre des extraits de feu M⁰ Flaman. » — 129 feuillets.

83 (C). « Table alphabétique de l'extrait du régistre C de feu Monsieur Flaman. » — 96 et 13 feuillets.

84 (D). « Table de ma copie du troisième registre des extraits d'actes faits par feu Flaman, notaire. » — 55 et 11 feuillets.

85 (E). Table d'une copie du quatrième registre des extraits d'actes du même. — 40 et 7 feuillets.

XIX⁰ siècle. Papier. 290 sur 185 millim. 4 volumes, formés de cahiers grossièrement rattachés. (Collection De Belleval, acquisition de 1901.)

86 (T. II. — 42). Copie des cinq volumes d'extraits de minutes notariales dont les tables ont été décrites ci dessus (XVI⁰-XVIII⁰ siècle).

XIX⁰ siècle. Papier. 70 pages. 430 sur 265 millim. Reliure moderne. (Collection De Belleval, acquisition de 1901.)

87 (T. II. — 47). Copies, par le marquis Le Ver, d'actes extraits d'anciens registres de minutes notariales relatifs au Pontieu (1405-1584).

Page 75. Copie de l'inventaire des chartes du prieuré de Saint-Pierre d'Abbeville, par M⁰ Flaman, notaire à Abbeville.

XIX⁰ siècle. Papier. 36 pages. 305 sur 200 millim. Broché. (Collection De Belleval.)

88. Pièces relatives à Amiens.

Contrats et pièces de procédure (1543-1813).

XVI⁰-XIX⁰ siècle. Parchemin et papier. 57 pièces. Liasse. (Collection A. Dubois.)

89. Pièces relatives au mobilier de la cathédrale d'Amiens et de diverses églises d'Amiens et des environs (1692-an XII).

XVIII⁰ et XIX⁰ siècles. Papier. 46 pièces. Liasse.

90. Autographes des évêques d'Amiens (1642-1838).

Voir F. Poujol de Fréchencourt, *Analyse de quelques pièces manuscrites acquises sur les revenus du legs Beauvillé*, dans le *Bulletin de la Société des Antiquaires de Picardie*, t. XIX (1895-1897), p. 171.

XVII*e*-XIX*e* siècle. Parchemin et papier. 24 pièces. Liasse.

91. Recueil sur l'abbaye de Saint-Jean d'Amiens.

1. « Déclaration du temporel de l'abbaye, donnée à la Chambre des comptes en l'année 1384, avec un dénombrement donné au roi le 1*er* juin 1521. »

2. Copie par J. Garnier du cartulaire de l'abbaye de Saint-Jean d'Amiens (H. Stein, *Bibliographie des cartulaires*, n° 87).

XVII*e*-XIX*e* siècle. Papier. Cahier de 55 pages et 167 feuillets divers. Liasse.

92 (T. I. — 40). Pièces relatives à la maison dite de « la Fouine », sise à Amiens, Chaussée au bled, aujourd'hui rue Saint-Leu (1483-1850).

Actes notariés, pièces de procédure, quittances, etc. Voir F. Poujol de Fréchencourt, *La maison de la Fouine*, dans le *Bulletin de la Société des Antiquaires de Picardie*, t. XXII (1904-1906), p. 105.

XVI*e*-XIX*e* siècle. Parchemin et papier. 87 pièces. Liasse. (Don de M. L. Matifas, en 1904.)

93. Pièces relatives à la construction de la place Périgord, à Amiens (1782-1787).

XVIII*e* siècle. Parchemin et papier. 32 pièces. Liasse.

94. Pièces relatives à la commune de Camon.

Contrats et pièces de procédure (1627-1662).

XVII*e* siècle. Parchemin. 22 pièces. Liasse. (Collection A. Dubois.)

95. Pièces relatives à la commune de Courcelles-sous-Thoix.

Contrats et pièces de procédure (1281-1777).

XVI*e*-XVIII*e* siècle. Parchemin et papier. 41 pièces. Un registre de 76 feuillets de parchemin. Liasse. (Collection A. Dubois, acquis en 1895.)

96. Pièces relatives à l'église d'Ercheu (1502-1712).

XVI° et XVII° siècles. Parchemin et papier. 36 pièces. Liasse.

97. Pièces relatives à La Faloise.

Aveux, baux, pièces de procédure (XVI°-XVIII° siècle).

Voir F. Poujol de Fréchencourt, *La seigneurie de La Faloise. Anciens documents acquis sur les fonds du legs Beauvillé*, dans le *Bulletin de la Société des Antiquaires de Picardie*, t. XXII (1904-1906), p. 98.

XVI° et XVII° siècles. Parchemin et papier. 77 pièces. Liasse. (Acquis en 1904 de M. de Mercey.)

98. Pièces relatives à Longpré-les-Corps-saints.

Généalogies de la famille De Fontaines. — Actes et lettres de cette famille. — Copie du *Rotulus* de Longpré, d'après une autre copie de la collection Baluze à la Bibliothèque nationale, t. 38, fol. 213. — Version française du même. — « Status et modus fundationis et susceptionis sanctarum reliquiarum ecclesie de Longo Prato supra Summam. » — « Récit de la fondation et réception des saintes reliques de Longpré-sur-Somme, en neuf leçons qui se disent aux matines, » traduction française du précédent. — Sermon sur lesdites reliques (5 sept. 1700).

Voir Comte Riant, *Exuviæ sacræ Constantinopolitanæ*, t. I, p. cxxv, et E. Gallet, *Recherches pour servir à l'histoire d'un grand village, quelques notes et documents sur Longpré-les-Corps-saints* (Amiens, 1898), p. xxv.

XV°-XVIII° siècle. Papier. 21 pièces. Liasse. (Don Garnier.)

99. Pièces relatives à Molliens-Vidame.

Contrats et pièces de procédure (1490-1783).

XV°-XVIII° siècle. Parchemin et papier. 37 pièces. Liasse. (Collection A. Dubois, acquisition de 1895.)

100. Pièces relatives à Moyencourt-en-Vermandois (1374-1504).

Voir F. Poujol de Fréchencourt, *Notes sur quelques pièces manuscrites*, dans le *Bulletin de la Société des Antiquaires de Picardie*, t. XVIII (1892-1894), p. 373.

XIV°-XVI° siècle. Parchemin et papier. 14 pièces. Liasse. (Acquis en 1894.)

101. « Origine et titres du bien de Pertain et environs, acquis le 28 février 1759. » .

Recueil d'actes notariés.

> XVIIIe siècle. Parchemin et papier. 158 feuillets. 240 sur 185 millim. Cartonné.

102. Pièces relatives à Septenville (1463-1664).

> XVe-XVIIe siècle. Parchemin et papier. 14 pièces. Liasse. (Collection A. Dubois, acquisition de 1895.)

103. Pièces diverses.

1-4) sur les Cordeliers (comm. de Moyencourt-en-Vermandois); — 5-11) sur le Mesnil-Saint-Vaneng; — 12-20) sur Longueau (1630-1783).

> XVIIe et XVIIIe siècles. Parchemin et papier. Liasse. (Don, en partie, du capitaine Carbon.)

104 (T. 1. — 18). Chartes et pièces originales relatives au Ponthieu et au Vimeu (1258-1679).

> XIIIe-XVIIe siècle. Parchemin et papier. 89 pièces, montées en un volume de 40 feuillets. 600 sur 430 millim. (Collection De Belleval, acquisition de 1901.)

105-119. « Titres originaux. Actes publics et actes privés relatifs au Ponthieu. »

1 (105). Copie des lettres de fondation du prieuré de Saint-Pierre d'Abbeville par Gui Ier, comte de Ponthieu (1100, C. Brunel, *Recueil des actes des comtes de Pontieu*, n° VIII). — 2. Copie d'un acte de Philippe Ier, pour le même prieuré (1075, M. Prou, *Recueil des actes de Philippe Ier*, n° LXXIX). — 3. Copie d'un acte de Gui Ier, comte de Ponthieu, pour Saint-Pierre d'Abbeville (1100, *Rec. des actes des comtes de Pontieu*, n° IX). — 4. Copie d'une convention entre Guillaume, comte de Ponthieu, et Gârin, prieur de Saint-Pierre-d'Abbeville (1103-1129, *ibid.*, n° XXI). — 5-7. Copies d'un acte de Gui II, comte de Ponthieu, pour ledit prieuré (1133, *ibid.*, n° XXV). — 8. Acte de Jean, comte de Ponthieu, pour Saint-Sauveur de Doullens (1148-1164, *ibid.*, n° LXIX). — 9. Acte de Jean, comte de Ponthieu, pour Saint-Jean d'Amiens,

(1173, *ibid.*, n° LXXXIX). — 10. Don à l'abbaye du Gard par Oger Baregiex d'Abbeville d'une maison *au rivage* (1183). — 11. Grande bulle de Lucius III pour Saint-Pierre de Selincourt (endommagée). — 12. Vente par Adam d'Ouville à Guilart de Mareskel d'un cens à Abbeville (août 1248). — 13. Location par Étienne *Hantius* (?) à Hugue Le Bret de sept journaux de terre à Fresnoy-Andainville (janvier 1274, anc. st.). — 14. Copie sous le sceau de l'official d'Amiens d'un acte de Jean, comte de Pontieu, pour Saint-Vulfran (1188?), publié dans Ignace Joseph de Jésus-Maria, *l'Histoire ecclésiastique de la ville d'Abbeville*, p. 87 (1282), etc. (1290-1469). — 97 pièces.

2 (106). Années 1472-1537. — 109 pièces.
3 (107). — 1537-1557. — 98 pièces.
4 (108). — 1558-1570. — 82 pièces.
5 (109). — 1570-1584. — 69 pièces.
6 (110). — 1584-1595. — 76 pièces.
7 (111). — 1595-1608. — 130 pièces.
8 (112). — 1608-1620. — 81 pièces.
9 (113). — 1621-1639. — 120 pièces.
10 (114). — 1639-1653. — 88 pièces.
11 (115). — 1653-1670. — 140 pièces.
12 (116). — 1670-1689. — 184 pièces.
13 (117). — 1689-1703. — 107 pièces.
14 (118). — 1704-1733. — 166 pièces.
15 (119). — 1734-1814. — 95 pièces.

XIIe-XIXe siècle. Parchemin et papier. Pièces montées en 15 volumes, de 480 sur 260 millim. Reliure moderne. (Collection De Belleval, acquisition de 1902.)

120. Collection de pièces originales sur le Pontieu.

Actes royaux de grand et petit sceau. Actes de Henri II, Louis XIII, Louis XIV, Louis XV et Louis XVI (1547-1791).

XVIe-XVIIIe siècle. Parchemin. 24 pièces. Liasse.

121. Collection de pièces originales sur le Pontieu.

Aveux : 1-35) Aveux servis aux seigneurs de Miannay (1503-1651) ; — 36-48) Aveux servis à François Lefèvre, seigneur de Sombrin

(1583-1587); — 41) Aveu servi à Jean Tillette, seigneur de Mautort (1664).

XVIe-XVIIIe siècle. Parchemin et papier. 41 pièces. Liasse.

122. Collection de pièces originales sur le Pontieu.
Titres des fiefs de Houdent et de Hinfray (1434-1673).

XVe-XVIIe siècle. Parchemin. 24 pièces. Liasse.

123. Collection de pièces originales sur le Pontieu.
Baux et reçus de François-Bernard Cointe, meunier du moulin de Saint-Nicolas à Abbeville (1772-1786).

XVIIIe siècle. Papier. 161 pièces. Liasse.

124. Collection de pièces originales sur le Pontieu.
Papiers de Laurent Depoilly, écrivain à Abbeville : ordres de monter la garde et reçus de remplaçants, billets de logement de troupes (1811-1833).

XIXe siècle. Papier. 84 pièces. Liasse.

125-128. Collection de pièces originales sur le Pontieu.
Pièces diverses (presque exclusivement contrats et pièces de procédure).
  125. Pièces 1-66. Années 1401-1655.
  126. Pièces 67-58. Années 1656-1740.
  127. Pièces 159-223. Années 1741-1763.
  128. Pièces 224-354. Années 1764-an IX.

XVe-XVIIIe siècle. Parchemin et papier. Liasses.

129. Recueil de lettres.
1 et 2) Jacques de Lameth à M. de La Rochepot (14 juin 1537). — 3) Antoine Desprez, abbé de Saint-Jean d'Amiens, à M. d'Humières (29 nov. 1576). — 4) Blocquel et Bucquet, échevins de Montdidier, au même (15 avr. 1577). — 5) J. Bruiant, architecte, au même (6 sept. 1577). — 6) Les échevins d'Amiens au roi (copie, 24 janv. 1599). — 7) Maubuisson à M. Fauchet, à Pompadour (3 oct. 1628). — 8) Maximilien de Belleforière au cardinal de Richelieu (vers 1633). — 9) Esclainvillier à M. du Demeine (6 déc. 1555). — 10) l'abbé

Huvet (14 oct. 1686). — 11) Wrincourt à M. Werel, greffier en chef du bailliage (17 déc. 1723). — 12) D'Aumalle à M. Crain, avocat au Parlement (24 avril 1726). — 13) De Sesseval à inconnu (11 juillet 1730). — 14) Bridelle à inconnu (13 août 1730). — 15) De Savoi à inconnu (3 août 1730). — 16) Bridelle à inconnu (6 sept. 1730). — 17) Leleu (?) à M. de Meswecq (2 févr. 1733). — 18) Marquis de Caux à M. de Montmartel (29 oct. 1757). — 19) Dupleix de Bacquencourt à inconnu (18 août 1769). — 20) Boers à l'amiral De Suffren (copie, 14 mai 1784). — 21) Baron de Marivet à inconnu (27 avr. 1787). — 22) Capperonnier à M. Béjot, garde de la bibliothèque du roi (13 janvier 17..). — 23) L'archevêque de Reims à M. Joly de Fleury (25 janv. 1739). — 24) Bouteville à inconnu (7 ventôse an II). — 25) Floréal Guiot, représentant du peuple dans la Somme, au Comité de salut public (9 vent. an III). — 26) Le Comité de sûreté générale aux agents nationaux de district (4 germinal an III). — 27) Cassine, commandant de Doullens, à Gossuin, représentant du peuple (26 therm. an III). — 28) Detaille à Patron, négociant, rue Saint-Martin, à Amiens (15 messidor an III). — 29) Descarsin à Leclerq, marchand à Lamotte (21 messidor an VII). — 30) Valant à inconnu (29 frimaire an VIII). — 31) Thierry à Mille, secrétaire du conseil de guerre, à Évreux (13 nivôse an VIII). — 32) Delambre à Janvier (XVIIIe s.). — 33) Hauy à MM. Gillet, Laumont et Lelièvre, du conseil des mines (29 vent. an XIII). — 34 à 44) Lettres à Dumont, représentant du peuple dans la Somme (an II-an IV).

XVIe-XVIIIe siècle. Papier. Liasse.

130. Recueil d'autographes.

1) Reçu du comte Jean du Barry. — 2) Signature de Jeanne de Bourbon, abbesse de Sainte-Croix de Poitiers. — 3) Signature de Louis-Antoine de Bourbon, duc du Maine. — 4-15) Signatures de Louis-Jean-Marie de Bourbon, duc de Penthièvre. — 16) Signature de Louise de Bourbon, abbesse de Fontevrault. — 17) Signature de Louis-Henri duc de Bourbon. — 18) Lettre de Claude-François de Bourbon-Conti. — 19) Lettre de Dom Clément à Mercier, bibliothécaire de Sainte-Geneviève. — 20) Lettre du duc de Coigny. — 21) Lettre de l'astronome Delalande à Traullé, d'Abbeville. — 22) Lettre du duc de Duras. — 23) Lettre de Fontenelle à Mademoiselle d'Achy. — 24) Note de V. Haudicquer de Blancourt. — 25) Lettre de La Chalotais au procu-

reur du roi à Dinan. — 26) Signature de La Tour du Pin. — 27) Signature de Marguerite de Lorraine, duchesse d'Orléans. — 28) Lettre de D'Invau. — 29) Lettre de la marquise de Montferrand. — 30) Signature du prince de Montbarey. — 31) Lettre de D. Bernard de Montfaucon. — 32) Lettre de Sieyès à son frère. — 33) Signature de Vauban. — 34 à 36) Signatures du comte de Vergennes.

XVe-XIXe siècle. Parchemin et papier. 36 pièces. (Collection De Belleval.)

131. Recueil d'aveux originaux.

1) Aveu servi au roi d'Angleterre, comte de Pontieu, par Guillaume de Maintenay (fin du XIIIe siècle). — 36 peaux, 185 sur 20^m,220 millim.

2) Aveu servi par Jacques, s^r de Beauchamp, au roi de France, comte de Pontieu, de ce qu'il tient à Vitz-sur-Authie (22 mars 1379, n. st.). — 6 peaux, 330 sur 3^m,290 millim.

3) Aveu servi par Jean de Cayeux, s^r de Dominois, au même, de sa terre de Vismes, incomplet du début (4 nov. 1378). — 14 peaux, 330 sur 6^m,580 millim.

4) Aveu servi par Bernart de Paillart, s^r de Choqueuses, à Jean de Quesnoy, s^r de Lambercourt, d'un fief au Mesnil-les-Franleu (24 nov. 1456). — 8 peaux, 270 sur 4^m,030 millim.

5) Aveu servi par Jean Carue des terres tenues de Jean, s^r d'Eaucourt (4 juillet 1479). — 2 peaux, 325 sur 1^m,310 millim.

6) Aveu du même au même (8 mai 1486). — 6 peaux, 360 sur 3^m,370 millim.

XIIIe-XVe siècle. Parchemin. Six rouleaux, dans un carton. (Collection De Belleval.)

132. Recueil de montres de gens d'armes en Picardie (1387-1697). Voir *Bulletin de la Société des Antiquaires de Picardie*, t. XIX (1895-1897), p. 178.

XIVe-XVIIe siècle. Parchemin et papier. 29 pièces. Liasse.

133. Pièces relatives aux travaux publics en Picardie (routes, moulins, ponts, digues, tourbières, églises). — Nombreux plans.

XVIIIe et XIXe siècles. Papier. 63 pièces. Liasse. (Don, en partie, de M. L. Matifas en 1902.)

134. Collection de pièces relatives à la Picardie.

Actes royaux : 1) Copie du XVII⁰ s. d'un acte faux d'un roi *Clotarius,* donnant à Saint-Médard de Soissons la *villa* de Nouvion en Pontieu. — 2) Acte de Jean le Bon portant accord entre Jacques de Bourbon, comte de Pontieu, d'une part, Catherine d'Artois, comtesse d'Aumale, et Jean d'Harcourt, comte d'Aumale, d'autre part (1ᵉʳ févr. 1355, n. s.). — 3) Copie d'un acte de Henri VI, roi de France et d'Angleterre, portant réunion du comté de Pontieu à la couronne de France (24 juill. 1424). — 4) Copie d'un vidimus par le lieutenant général du bailli de Vitry d'un acte de Louis XI relatif au four bannier de Mailly, tenu en arrière-fief de la couronne par le sʳ de l'Estrée (Bourges, 31 janv. 1467, n. s.). — 5) Copie d'un vidimus par Charles VIII, en date de nov. 1483, de privilèges de Louis XI pour les habitants de Rue (1477-1478). — 6) Mandement de Louis XII aux trésoriers de France de délivrer 270 livres tournois à Barthélemy Robin, conseiller au Parlement de Toulouse, pour frais d'un voyage de Toulouse à Paris (Amiens, 23 sept. 1513). — 7) Mandement de François Iᵉʳ à Jean Duval, trésorier, de payer à Gaspard de Saillans, garde des salpêtres en Languedoc, 4 000 l. t. pour les besoins de son office (Amiens, 10 févr. 1540, n. s.). — 8) Mandement du même à Jean Laguette, trésorier, de payer à Jean Lorillart, « pauvre homme de labour, demourant à Merly en France, collecteur de la taille dudit lieu », la somme de 324 l. 16 s. 8 d. t. (Amiens, 19 février 1540, n. s.). — 9) Mandement du même à Nicolas Dux, maître des comptes à Blois, et à Mathurin Le Hucher, d'établir une imposition sur le pays d'Armagnac, Fezensac, etc. (Amiens, 27 sept. 1544). — 10) Copie de l' « érection de la comté de Portien en principauté, en faveur de Mᵉ Anthoine de Croüy, marquis de Reynes, comte de Portien, baron de Montcornet » (Saint-Germain, juin 1561). — 11) Mainlevée du temporel de l'évêché d'Amiens en faveur de Geoffroy de La Martonye (Blois, 24 janv. 1577). — 12) « Permission aux habitans de la rivière de Somme d'avoir des harquebuzes » (Paris, 28 déc. 1603). On lit au bas, de la main de Henri IV : « J'ay accordé la permyssion cy-dessus. Henry. » — 13) Mandement de Louis XIII au trésorier Henri de Guénégaud, sʳ du Plessis-Belleville, de payer 3 000 l. accordées en don au sʳ de Graves, écuyer du roi et du cardinal (Amiens, 1ᵉʳ sept. 1641). — 14) Copie d'un acte de Charles II, roi d'Angleterre, attestant l'origine d'Élizabeth, comtesse de Gramont (Edimbourg, 25 oct. 1670). — 15) Lettres missives de Louis XIV à

M. Barrillon, commissaire départi en Picardie, lui enjoignant de surveiller la publication de l'ordonnance déclarant la guerre aux Pays-Bas (Saint-Germain-en-Laye, 12 avril 1672).

XVIe-XVIIIe siècle. Parchemin et papier. Liasse.

135-140. Collection de pièces relatives à la Picardie.
Copies et originaux.

I (135) Pièces 1-40 : 1) « Charte qui fut déposée en 1130 dans la chasse qui contenait les reliques de saint Germer. » Acte au nom de Pierre, évêque de Beauvais (fac-similé lithographique). — 2) Copie d'un acte de Guillaume, comte de Pontieu (Prarond, *Le cartulaire du comté de Ponthieu*, n° LXXX), sans date. — 3. Charte de Nivelon, évêque de Soissons, pour l'abbaye de Valsery (Soissons, juillet 1201). — 4) Charte de Nicolas, évêque de Noyon, pour la commune de Noyon. Fac-similé lithographique (1237). — 5) Copie d'une transaction entre l'abbé de Corbie et le s^r d'Acheux (mai 1248). — 6) Acte de Robert de Basoches, endommagé (juin 1268). — 7) Charte de l'official de Paris relative à l'émancipation de Raoul et Ancher de Soissons (août 1288), etc. (1329-1455).

II (136). Pièces 41-81 (1456-1549).
III (137). Pièces 82-140 (1550-1614).
IV (138). Pièces 141-212 (1615-1705).
V (139). Pièces 213-255 (1716-1765).
VI (140). Pièces 256-342 (1766-1818).

XIIIe-XIXe siècle. Parchemin et papier. Liasses.

141 (T. I. — 7). Copie de l'*Histoire des comtes d'Amiens* de Du Cange.
Cette histoire a été publiée à Amiens, en 1840, par Hardouin.

XVIIe siècle. Papier. 102 feuillets. 323 sur 205 millim. Cartonné. (Don de M. d'Étilly en 1861.)

142 (T. II. — 7). « Des evesques d'Amyens en Picardie. — Extrait du ms. 7020² [= français 417] de la Bibliothèque nationale : *Le plant de la foy chrestienne en France*, par frère Ant. Gourdault, franciscain, 1580. Transcrit et annoté par Ad. Dutilleux, étudiant en droit, 1852. »

XIXe siècle. Papier. 62 pages. 220 sur 145 millim. Reliure moderne.

143 (T. II. — 41). Les œuvres d'art de la confrérie de Notre-Dame-du-Puy d'Amiens. Mémoire posthume de M. le Dr Rigollot, revu et terminé par M. A. Breuil (Amiens, 1858, in-8°). Extrait des *Mémoires de la Société des Antiquaires de Picardie,* 2° série, t. V.
Exemplaire interfolié et annoté par A. Dubois.

> XIX° siècle. Papier. (Collection A. Dubois.)

144 (T. II. — 4.) La ville de Beauvais avant 1789, par le docteur Daniel, de Beauvais.

> XIX° siècle. Papier. 604 pages. 310 sur 200 millim. Reliure moderne. (Offert par l'auteur en 1845.)

145 (T. II. — 5). « Histoire de l'abbaye de Notre-Dame de Breteuil, diocèse de Beauvais, par frère Robert Vuyard, moine de l'abbaye. 1670. »
Copie exécutée en décembre 1842 par M. Graves, d'après un manuscrit aux mains de M. Tassart, de Breteuil, qui le tenait de M. Labitte, de Campremy, dont le père avait été employé de l'abbaye.
Page 327. « Abrégé de l'histoire de l'abbaie de Breteuil. 1721. Cet abrégé est tiré par moi, Dallishamps, receveur de ladite abbaie, d'un livre qui est dans le chartrier à la garde des religieux de cette abbaye. Signé : Dallishamps. Copié sur un manuscrit prêté par M. Godde, d'Hardivillers, avril 1831. » Cf. Bibliothèque nationale, ms. fr. 12020.
Page 337. « Extraits des antiquités de Breteuil, 1574. »
Page 347. « Dissertation pour prouver que *Bratuspantium* de Cæsar est la ville de Beauvais et non le bourg de Breteuil, par Dom Placide Porcheron, 1683. » Copie d'après le t. 163, de la Collection de Picardie à la Bibliothèque nationale.

> XIX° siècle. Papier. 351 feuillets. 305 sur 195 millim. Reliure moderne.

146. Histoire de Boulogne-la-Grasse, par l'abbé Martinval.

> XIX° siècle. Papier. 350 pages. 310 sur 200 millim. Reliure moderne.

147. Histoire des villages formant le groupe de Corbie autour de Boulogne-la-Grasse : Bus, Fescamps, Boulogne-la-Grasse et Hainvillers, par l'abbé J.-B. Martinval.

Page 215. Mélanges. Notices et articles de journaux ou de revues publiés par le même auteur.

XIX° siècle. Papier. 312 pages. 310 sur 195 millim. Reliure moderne.

148-151. Copies relatives à Corbie, extraites de la Collection de Picardie à la Bibliothèque nationale.

I (148). Copie du tome 52, Histoire de Corbie postérieure à 1400, par Dom Grenier (998 feuillets).

II (149). Copie du tome 30, Mélanges sur Corbie (1 460 feuillets).
III (150). Copie du tome 31, Mélanges sur Corbie (972 feuillets).
IV (151). Copie partielle du tome 32, Mélanges sur Corbie (670 feuillets).

XX° siècle. Papier. 230 sur 180 millim. Paquets.

152 (T. II. — 3). Copie faite en 1833 d'une histoire de Conty, composée en 1827 par Isidore-Abraham Catonnet, géomètre audit lieu.

XIX° siècle. Papier. 72 pages. 200 sur 155 millim. Cahier.

153 (T. II. — 10). Histoire de la ville de Doullens, par l'abbé Delgove.

Publiée dans les *Mémoires de la Société des Antiquaires de Picardie. Documents inédits concernant la province*, t. V, 1865, in-4°.

XIX° siècle. Papier. 523 feuillets. 360 sur 230 millim. Reliure moderne.

154 (T. II. — 14). L'hôpital de Fonchettes, par Lefèvre-Marchand.

XIX° siècle. Papier. 46 feuillets. 320 sur 200 millim. Cahier.

155. Grandvilliers et ses environs.
Ephémérides par M. Thorel-Perrin.
Page 349. Les seigneurs de Grandvilliers.
Page 353. Grandvilliers et ses environs. Abrégé rapide.

XIX° siècle. Papier. 400 pages. 340 sur 220 millim. Reliure moderne. (Don de l'auteur en 1904.)

156-167 (T. II. — 56). Histoire de Grandvilliers et de son canton, par M. Thorel-Perrin.

Ouvrage divisé en 97 cahiers, répartis en 12 liasses. Contient quelques pièces originales. Le tome VI (161) est le Plumitif original de la prévôté de Grandvilliers (1780-1790), du tribunal du district de Grandvilliers et de la justice de paix du même lieu (1790-1898) (298 feuillets, 250 sur 190 millim).

XIXe siècle. Papier. 310 sur 200 millim. (Don de l'auteur.)

168. Lihons, Guerbigny.
Monographies par Lefèvre-Marchand.

XIXe siècle. Papier. 86 pages. 365 sur 240 millim. Cahier. (Don de l'auteur.)

169 (T. I. — 24). « Analise historique des titres, prétentions et droits des seigneurs de Rosières, par M. D. M., maître es-arts et docteur aggrégé en l'université de Paris, et commissaire à terrier. 1777. »

XVIIIe siècle. Papier. 108 pages. 220 sur 165 millim. Reliure de cuir fauve. (Don de MM. H. de Belloy et Poujol de Molliens, en 1901.)

170 (T. II. — 24). « Chronici Centulensis seu Sancti Richarii continuatio, studio et opera domni Victoris Cotron. »
Copie de l'original, Bibl. nat., ms. lat. 12890.

XIXe siècle. Papier. 578 pages. 280 sur 215 millim. Reliure moderne. (Collection De Belleval, acquisition de 1901.)

171 (T. II. — 25). « Chronique du pays et comté de Ponthieu, par François Rumet, seigneur des Essars, de Buscamp, de Beaucorroy et de Brecqueferet, extraite des manuscrits de la collection de Dom Grenier, paquet VI, art. 3, volume 37. Paris, 1860-1861. »

XIXe siècle. Papier. 361 pages. 275 sur 200 millim. Reliure moderne. (Collection De Belleval, acquisition de 1901.)

172. « Notice sur Jean Le Febvre de Saint-Remy, pour faire suite à celle de Mlle Émilie Dupont, insérée dans le *Bulletin de la Société de l'Histoire de France*, t. II, 1re partie, janv. 1835. »

XIXe siècle. Papier. 24 pages. 250 sur 175 millim. Reliure moderne. (Collection De Belleval.)

173. Manuscrits d'œuvres du marquis de Belleval et notes du même.

XIXe siècle. Papier. 20 pièces. Liasse. (Collection De Belleval.)

174. Manuscrits autographes de Grégoire d'Essigny.
1. Mémoire sur les voies romaines de Picardie. — 2. Tableau de la poésie française depuis son origine jusqu'au XIIIe siècle. — 3. Sur les chants profanes. — 4. Éloge historique de J.-B. Vaquette de Gribeauval.

XIXe siècle. Papier. Liasse de 4 cahiers, de 56, 51, 33 et 34 pages. (Acquis de M. A. de Rosny, en 1899.)

175 (T. I. — 39). « Mémoire sur l'état général de toutes les provinces de France. Province de Picardie. Année 1700. »
Incomplet du début et de la fin.

XVIIIe siècle. Papier. 71 feuillets. 245 sur 180 millim. Reliure de parchemin. (Don de MM. H. de Belloy et Poujol de Molliens, en 1901.)

176 (T. II. — 35). « Plan général de l'histoire de la province de Picardie, copié sur le manuscrit original de Dom Caffiaux conservé à la Bibliothèque impériale dans la collection des manuscrits de Dom Grenier, tome CCXXXVII (paquet 27, art. 1. B). Paris, février 1861. »

XIXe siècle. Papier. 84 pages. 260 sur 200 millim. Cahier. (Collection De Belleval, acquisition de 1901.)

177 (T. II. — 6). Étude sur l'origine du nom de Picards, par Bresseaud.
Folio 164. « Rapport détaillé et raisonné sur divers monuments antiques, médailles et inscriptions trouvés à Poix pendant le cours des années 1844 et 1845. » Notices de 12 planches qui manquent.

XIXe siècle. Papier. 191 feuillets. 220 sur 170 millim. Reliure moderne.

178-179 (T. I. — 23). Mémoires généalogiques de l'abbé Buteux. Voir *Bulletin de la Société des Antiquaires de Picardie*, t. XXI (1901-1903), p. 80.

XVIII° siècle. Papier. 609 et 762 pages. 380 sur 240 millim. et 325 sur 210 millim. 1" vol. broché ; 2° vol. relié en parchemin. (Collection De Belleval, acquisition de 1901.)

180 (T. I. — 23). « Copie d'un des manuscrits [ci-dessus 178-179] de M. Nicolas Buteux, prêtre, ecclésiastique d'Abbeville, faitte par moi Nicolas-Jean Douville, conseiller au présidial d'Abbeville, en may 1758. »

Page 591. « Note sur la famille des Gaillard d'Abbeville, copiée en novembre 1779. »

Page 595. « Copie du testament original de Nicolas Buteux. »

Page 597. « Notes de M. Louis-Pierre d'Hozier... sur le nobiliaire de Picardie de M. Jean Haudicquier, seigneur de Blancourt... »

Voir *Bulletin de la Société des Antiquaires de Picardie*, loc. cit.

XVIII° siècle. Papier. 606 pages. 350 sur 230 millim. Demi-reliure en veau, aux armes du marquis Le Ver. (Collection De Belleval, acquisition de 1901.)

181 (T. II. — 50). Recueil sur la marine et l'artillerie.

1). Mémoire sur le jet des bombes à la mer. — 2) Mémoire sur la forêt de sapins dans la vallée d'Athar. — 3) Mémoire sur des expériences d'artillerie. — 4) Tables pour le service des pièces de campagne. — 5) Compilation des ordonnances concernant l'artillerie (1546-1729). — 6) Instruction pour les écoles d'artillerie (1720). — 7) Instruction pour la levée des recrues du corps royal de l'artillerie (février 1761). — 8) Instruction pour les officiers d'artillerie qui vont à la mer. — 9) Supplément à l'instruction pour la levée des recrues du corps royal (sept. 1762). — 10) Ordonnance pour les salves et réjouissances (oct. 1721). — 11) Ordonnance du roi portant augmentation de trois brigades du corps royal de l'artillerie (nov. 1761). — 12) Ordonnance du roi portant suppression des compagnies franches de la marine (nov. 1761). — 13) État des troupes de France en 1726. — 14) Ordonnance pour la fixation du nombre des gardes de la marine (janv. 1762). — 15) Ordonnance sur les appointements des officiers de la marine (janv. 1762). — 16) Instruction pour la réception des chevaliers de Saint-Louis. — 17) Ordonnance concernant ceux qui portent la croix de Saint-Louis sans titre (juillet 1749). — 18) Ordonnance sur les appointements des gouverneurs généraux des provinces, etc. (mars 1776). — 19) Ordonnance portant création de huit régiments sous la dénomination de corps royal de la marine (févr. 1772). — 20) Déclaration du roi concernant l'École militaire (août 1760). — 21) Conseils de guerre tenus à Sedan en 1754, à Lille en 1773, à l'hôtel des Invalides en 1773, à Brest en 1775, à Lorient en 1784. — 22) Munitions et ustensiles d'artillerie pour l'armement des vaisseaux de ligne, etc.

Un volume broché, auquel sont ajoutées les pièces détachées suivantes :

23) État des forces maritimes de la France en 1774. — 24) Longueur et grosseur des différentes parties des canons de fonte. — 25) Dimensions des bois des affûts de marine. — 26) Dimensions des fers des affûts de marine. — 27) Tableau des caractéristiques des différents canons.

XVIIIe siècle. Papier. Liasse.

182 (T. II. — 50). Recueil sur les anciennes mesures et sur diverses questions de mathématiques.

1) Table des rapports entre les anciennes mesures et les nouvelles mesures. — 2) Mesures linéaires et de solidité de la Somme. — 3) Table de réduction de la verge de Saint-Quentin et de ses parties en décamètres et décimètres. — 4) Tableaux des rapports des mesures agraires et de capacité de Saint-Quentin et autres lieux avec les mesures nouvelles. — 5) « Recueil de tables pour faciliter la comparaison des poids et mesures du nouveau système avec les poids et mesures ci-devant en usage à Paris. Paris, mars 1806. » (Imprimé.) — 6) Arithmétique logarithmique par Vlacq. — 7) Racines carrées et cubiques des nombres naturels depuis 1 jusqu'à 5 200. — 8) Sur la quadrature du cercle. — 9) Tentatives pour parvenir à la découverte du problème de la quadrature du cercle.

XVIIIe siècle. Papier. Liasse.

183 (T. I. — 28). « Répertoires de différents actes concernant la mesure des terres. »

XVIIe siècle. Papier. 103 feuillets. 275 sur 180 millim. Couverture de parchemin. (Collection A. Dubois.)

184 (T. II. — 43). Table de la collection des manuscrits de Dom Grenier, faite en janvier 1860 par le marquis de Belleval.

XIXe siècle. Papier. 136 feuillets. 230 sur 170 millim. Reliure moderne. (Collection De Belleval, acquisition de 1901.)

185 (T. II. — 15). « Documents inédits sur le Ponthieu et la noblesse de cette province tirés du cabinet du marquis de Belleval. Novembre 1899. »
Table des pièces de la collection De Belleval (636-XVIIIe siècle).

XIXe siècle. Papier. 860 et 50 pages. 310 sur 195 millim. Reliure moderne. (Collection De Belleval, acquisition de 1901.)

186 (T. II. — 36). Répertoire par le marquis Le Ver « des terres ou fiefs tenus de la châtellenie de St-Riquier dont les aveux et dénombrements sont enliassés ensemble au dépôt des archives d'Amiens ».
Incomplet de la fin.

XIXe siècle. Papier. 28 pages. 310 sur 190 millim. Cahier. (Collection De Belleval, acquisition de 1901.)

187 (T. II. — 30). Relevé statistique des noms de baptême à Amiens depuis le moyen âge, par A. Dubois.

XIXe siècle. Papier. 93 feuillets. 305 sur 203 millim. Cahier. (Collection A. Dubois.)

188 (T. II. — 52). Liste alphabétique des chanoines de la cathédrale d'Amiens.

XIXe siècle. Papier. 778 pages. 255 sur 170 millim. Reliure moderne. (Collection A. Dubois.)

189 (T. II. — 19). Répertoire par ordre chronologique des maîtres de la confrérie de Notre-Dame du Puy à Amiens (1389-1734), par A. Dubois.
Avec table alphabétique.

XIXe siècle. Papier. 203 feuillets. 270 sur 212 millim. Reliure moderne. (Collection A. Dubois.)

190 (T. II. — 20). Table alphabétique des mayeurs et échevins d'Amiens (1228-1790).
Fol. 170. Table des maieurs de bannière (1345-1382).

XIX⁰ siècle. Papier. 197 feuillets. 263 sur 175 millim. Reliure moderne. (Collection A. Dubois.)

191 (T. II. — 22). Armoiries des maieurs d'Amiens.

XIX⁰ siècle. Papier. 19 feuillets. 200 sur 150 millim. Cahier. (Collection A. Dubois.)

192 (T. II. — 31). Liste des maîtres saiteurs et hautelisseurs d'Amiens, avec copie des chiffres marchands (1578-1785).
Notes au crayon par A. Dubois.

XIX⁰ siècle. Papier. Liasse de 4 cahiers de 48 feuillets. 300 sur 200 millim. (Collection A. Dubois.)

193 (T. II. — 32). Liste alphabétique des consuls d'Amiens, par A. Dubois (1567-1895).

XIX⁰ siècle. Papier. 227 feuillets. 310 sur 200 millim. Reliure moderne. (Collection A. Dubois.)

194 (T. II. — 33). « Tribunal de commerce. Juridiction consulaire. Composition par année. » (1567-1899.)

XIX⁰ siècle. Papier. 42 feuillets. 340 sur 250 millim. Reliure moderne. (Collection A. Dubois.)

195 (T. II. — 21). Table alphabétique des membres de la Chambre de commerce de Picardie et de la Chambre de commerce d'Amiens.

XIX⁰ siècle. Papier. 84 feuillets. 265 sur 170 millim. Reliure moderne. (Collection A. Dubois.)

196 (T. II. — 54). Table par études des notaires d'Amiens, depuis 1546.

XIX⁰ siècle. Papier. 8 feuillets. 315 sur 200 millim. Cahier.

197 (T. II. — 37). Liste chronologique des sénéchaux de Pontieu, par le marquis Le Ver.
N° 105 de la vente du marquis Le Ver.

XIX⁰ siècle. Papier. 4-46 pages. 250 sur 165 millim. Cahier. (Collection De Belleval, acquisition de 1901.)

198 (T. II. — 46). Liste par le marquis Le Ver des officiers civils du Ponthieu.

N° 106 de la vente du marquis Le Ver.

XIX° siècle. Papier. 144 pages. 250 sur 170 millim. Broché. (Collection De Belleval, acquisition de 1901.)

199 (T. II. — 45). Liste par le marquis Le Ver des capitaines d'Abbeville, de leurs lieutenants, et des receveurs pour le roi en Ponthieu.

N° 116 de la vente du marquis Le Ver.

XIX° siècle. Papier. 22 pages. 235 sur 170 millim. Cahier. (Collection De Belleval, acquisition de 1901.)

200 (T. II. — 39). « États des services des familles nobles de Ponthieu. »

Fol. 110. « Dictionnaire des anoblissements en Ponthieu. » .

Fol. 113. « Devises et cris de guerre des familles de Ponthieu. »

Fol. 115. « Familles bourgeoises d'Abbeville. »

Fol. 129. « États des services des familles nobles et bourgeoises de Ponthieu. Supplément. »

Fol. 137. « Officiers militaires et civils de Ponthieu. »

Composé en 1896-1897 par le marquis de Belleval.

XIX° siècle. Papier. 194 feuillets. 300 sur 200 millim. Reliure moderne. (Collection De Belleval, acquisition de 1901.)

201. Notes généalogiques de l'abbé Buteux.

Voir *Bulletin de la Société des Antiquaires de Picardie*, t. XXI (1901-1903), p. 586.

XVIII° siècle. Papier. 150 pièces. Liasse. (Collection De Belleval, acquisition de 1902).

202 (T. II. — 53). Copie de notes généalogiques de l'abbé Buteux, par lui mises en marge d'un exemplaire du Nobiliaire de Picardie d'Haudicquer de Blancourt. A à B.

XIX° siècle. Papier. 138 pages. 250 sur 175 millim. Cahier. (Don de M. Fernand de Grosriez, en 1911.)

203 (T. II. — 49). Notes généalogiques rassemblées par le marquis Le Ver. Tome I*er*. A à B.

XIX° siècle. Papier. Notes montées en un volume de 73 feuillets. 455 sur 270 millim. Reliure moderne. (Collection De Belleval, acquisition de 1901.)

204. Notes du marquis Le Ver.

1) Extraits des mémoires de Jean de Troyes. — 2) Tables incomplètes des noms de personnes contenus dans les mémoires de Jean de Troyes. — 3) Tables des noms propres compris dans l'histoire du roi Jean. — 4) Mémoire sur la situation de l'ancienne Samarobriva, par Emmanuel Gaillard. — 5) Armoriaux de Picardie et d'Artois, extraits des manuscrits de la Bibliothèque nationale, avec quelques blasons de Normandie. — 6) Table des noms de personnes d'un recueil de quittances scellées. — 7) Table des pièces contenues dans le *matréologe* de Hesdin. — 8) Notice sur le cartulaire de Saint-Bertin, par Folcuin.

XIX° siècle. Papier. Dossier de 8 liasses. (Collection De Belleval, acquisition de 1902.)

205 (T. II. — 38). Notes du marquis Le Ver.

1) Liste chronologique des maieurs d'Abbeville. — 2) Liste chronologique des gardes du sceau et auditeurs à Abbeville, avec table alphabétique. — 3) Tableau général des notaires de l'arrondissement d'Abbeville existant en 1809. Imprimé. (Donne la liste des anciens notaires.)

N° 117 de la vente du marquis Le Ver.

XIX° siècle. Papier. 13 pièces. Liasse. (Collection De Belleval.)

206 (T. II. — 48). Notes informes du marquis Le Ver sur le Pontieu.

XIX° siècle. Papier. 34 pièces. Liasse. (Collection De Belleval.)

207 (T. I. — 10). « Épitaphes et inscriptions des personnes illustres et austres qui se trouvent dans les églises des villes et villages de Picardie. »

Sur les feuillets de garde : « De l'inventaire du 7 ventose, 3° année républiquaine, cotté dix neuf. » — « Copié sur le manuscrit de M. de Rousseville, procureur du roy de la recherche de la noblesse en Picardie. 1714. »

Analysé par E. Fleury, *L'épitaphier de Villers-Rousseville*, dans le *Bulletin de la Société des Antiquaires de Picardie*, t. XVIII (1892-1894), p. 25.

XVIII⁰ siècle. Papier. 328 feuillets. 365 sur 240 millim. Reliure en parchemin. (Collection De Belleval, acquisition de 1892.)

208 (T. II. — 9). « Recueil d'épitaphes prises dans la cathédrale d'Amiens, de divers auteurs, entr'autres d'un manuscrit de 1756, appartenant à M. de Caix de Saint-Aymour, par A. Goze. »

XIX⁰ siècle. Papier. 30 pages, numérotées 343 à 370. 227 sur 185 millim. Cahier.

209. Papiers du père Daire.
Vie de Joseph Vallart, et liasse de 19 reconnaissances d'exemplaires de ses ouvrages par lui confiés à divers libraires.

XVIII⁰ siècle. Papier. 20 pièces. Liasse. (Acquis de M. de Rosny en 1899.)

210. Notes sur les sibylles de la cathédrale d'Amiens, par l'abbé Poquet.

XIX⁰ siècle. Papier. 55 pièces. Liasse. (Acquis en 1899.)

211 (T. II. — 51). Notes de Cocheris pour la suite de son *Catalogue des manuscrits sur la Picardie conservés dans les dépôts publics de Paris*; publié dans les tomes XII, XIII, XVI et XX des *Mémoires de la Société des Antiquaires de Picardie*, et interrompu après la lettre J.

XIX⁰ siècle. Papier. Fiches de divers formats. Liasse.

212-213 (T. II. — 8). Carnets de notes et croquis archéologiques de J. Garnier.
Églises de la Picardie, de la Flandre et de l'Allemagne du Nord.

XIX⁰ siècle. Papier. 2 carnets de 82 et 54 feuillets. 163 sur 150 et 178 sur 150 millim. (Don Garnier.)

214-215. Notes diverses de J. Garnier sur la Picardie.

XIX⁰ siècle. Papier. Deux cartons. (Don Garnier.)

216-217 (T. II. — 34). Éphémérides picardes. Extraits de journaux divers (1787-1841).
Attribué à N. Donné, ancien chef de bureau à la préfecture de la Somme.

XIX° siècle. Papier. 370 sur 250 millim. Deux liasses. (Collection A. Dubois.)

218. Extraits de la *Gazette de France*, du 16 décembre 1631 au 30 octobre 1638, relatifs à la guerre de Picardie, par R. Poujol de Fréchencourt.

XIX° siècle. Papier. 195 sur 145 millim. Reliure mobile.

219. Recueil de notes diverses :

1) Renseignements sur les anciens seigneurs de Famechon, par le comte Leclerc de Bussy (1865). — 2) Mémoire touchant la ville de Saint-Quentin (XVIII° siècle). — 3) Mémoire sur l'histoire d'Amiens (XVIII° siècle). — 4) Notice historique sur l'origine et les progrès de la fabrique des velours et autres étoffes de coton à Amiens (XIX° siècle). — 5) Notes de Dom Grenier sur Amiens.

XVIII° et XIX° siècles. Papier. Liasse.

220. Pièces diverses relatives à la rivière de la Somme.

1) « Arrest du Conseil d'Estat du Roy concernant les actionnaires du canal de Picardie. Du 14 avril 1733. » (Placard.) — 2) « Jugement en dernier ressort de Nosseigneurs les Commissaires généraux du Conseil pour la liquidation des indempnitez et non-jouïssances des fonds compris dans l'alignement du canal de Picardie situé dans la généralité d'Amiens jusques et compris l'année 1735. Du 8 février 1737. » (Placard.) — 3) « Projet de navigation et de desséchement des marais dans les vallons de la Somme. Picardie. 1776. 2° mémoire de Chabaud ; son devis et différens tableaux à l'appui. » — 4) « Mémoire pour le desséchement de la vallée de la Somme depuis Saint-Simon jusques à Sailly-Lorette. » — 5) « Mémoire sur l'amélioration de la vallée de la Somme. » — 6) « Objection faite par M. Chabaud contre le canal de la Somme suivant la lettre cy-jointe de M. Turgot, du 29 avril 1776. » — 7). « Copie de la lettre écrite le 29 avril 1776 par M. Turgot à M. Laurent de Lionne, en réponse au mémoire qu'il lui avait envoyé sur le projet de dessécher les marais de la Somme. » — 8). « Copie de la lettre écrite par le sieur Laurent de Lyonne, le 13 mai 1776, à M. Turgot, en réponse à la sienne du 29 avril. » — 9) « Copie de la lettre écrite à M. Taboureau par M. Laurent de Lyonne, le 12 décem-

bre 1776. » — 10) « Copie de la lettre écrite à M. le Contrôleur général par M. Laurent de Lyonne, le 16 décembre 1776, en lui envoyant un mémoire sur l'amélioration de la vallée de la Somme. » — 11) Requête aux Grands maîtres enquêteurs, généraux réformateurs des eaux et forêts de la Table de marbre du Palais, à Paris, par Charles et Pierre Pie, poissonniers à Amiens, fermiers du droit de pêche appartenant au duc de Chaulnes sur la rivière de Somme, depuis Le Gard jusqu'à Montières, pour pêche à leur préjudice d'un saumon au dessus du pont d'Ailly. »

XVIII° siècle. Papier. Liasse. (Collection De Caix de Saint-Aymour.)

221. Pièces concernant l'état et office de maître particulier des eaux et forêts du comté de Pontieu (1626-1691).

XVII° siècle. Parchemin et papier. 17 pièces. Liasse. (Collection De Caix de Saint-Aymour.)

222. Recueil d'histoire ecclésiastique.

1-3) Sermons pour des professions religieuses (XVIII° s.). — 4-6) Sermons divers (XVIII° s.). — 7) Discours prononcé à la prise d'habit d'Élizabeth de Hocques chez les religieuses de la Visitation (XVIII° s.). — 8-9). Notes sur la vie édifiante de la baronne de Wismes (XVIII° s.). — 10) Discours prononcé aux obsèques de l'abbé Canet, curé d'Abbeville (XIX° s.).

XVIII° et XIX° siècles. Papier. Liasse. (Collection De Caix de Saint-Aymour.)

223. Procès-verbaux du Conseil de fabrique de Notre-Dame de la Chapelle à Abbeville (1674-1687).

Fol. 64. Notes sur Notre-Dame de la Chapelle tirées de ce registre, depuis l'an 1674 jusqu'à 1687, et d'un autre, depuis l'an 1697 jusqu'à 1700.

Ex-libris de l'abbé Dairaine, d'Abbeville. Cf. E. Prarond, *La topographie historique et archéologique d'Abbeville*, t. II (1880), p. 531.

XVII° et XIX° siècles. Registre cartonné. 71 feuillets. (Collection De Caix de Saint-Aymour.)

224. Pièces diverses intéressant les Minimes d'Abbeville.

Mémoire des vertus de la mère Louise Barré, de Saint-Pol. Vie de la M. Françoise de Jésus-Maria (de la famille Vallance, de Verdun). Dégâts au monastère par l'explosion du magasin à poudre (1773). Reliques de saint François de Paule (1647-1658). Inventaires (1695-1729). Formules de profession (1617). Lettre signée Anne du Val adressée au R. P. Ignace de Jésus-Maria, carme déchaussé, à Paris (XVIIe s.).

XVIIe et XVIIIe siècles. Parchemin et papier. Liasse. (Collection De Caix de Saint-Aymour.)

225. Recueil de procédures intéressant Amiens.

1-3) le chapitre de la cathédrale (1690-1760) ; — 4) les chapelains de la cathédrale (1700) ; — 5) la chapelle de Saint-Nicolas des Clercs (1777-1784) ; — 6) les Feuillants (1790) ; — 7) les Ursulines (1763) ; — 8-9) les dames de Sainte-Geniève (1783), — 10) la communauté des maîtres couvreurs (1769) ; — 11-12) la communauté des orfèvres (1744-1746) ; — 13-14) la communauté des tapissiers (1754-1780) ; — 15) la maison du *logis du roi* (1777).

XVIIe et XVIIIe siècles. Parchemin et papier. 55 pièces. Liasse. (Collection De Caix de Saint-Aymour.)

226-229. Recueils de procédures intéressant différentes familles d'Amiens.

226. 1) Andrieu (1689-1722) ; — 2) Baron (1748) ; — 3) Basseville (1713-1714) ; — 4) Binart (1779) ; — 5) Boinet (1843) ; — 6-7) Bourgeois (1780-1783) ; — 8) De Bray de Buigny (1786) ; — 9) Capron (1770) ; — 10) Caron (1782) ; — 11) Carrey (1788) ; — 12) Cauchie (1787) ; — 13) Chaumont (1775) ; — 14-15) Cornet (1780).

227. 1) Delacour (1750) ; — 2-3) Delamarre (1758-1759) ; — 4) Delamasse (1755) ; — 5) Delassaux (1773) ; — 6) Delavalette (1786) ; — 7-8) Delarivière (1661-1705) ; — 9) Deleau (1773) ; — 10-12) Dembreville (1776-1782) ; — 13) Desprez (1730) ; — 14) Devigne (1790) ; — 15) Doremus (1714) ; — 16) Duchaussoy (1782) ; — 17) Ducroquet (1776) ; — 18) Dufresne (1577) ; — 19) Dumontier (1759) ; — 20) Durieu (1790-1791).

228. 1) Ervillé (1781-1789) ; — 2) Féret (1773) ; — 3) Ferlet (1749) ; — 4) Fruntel (1756) ; — 5) Gorlier (1780) ; — 6) Grenier (1710) ; — 7-8) Hangest (1741-1747) ; — 9) Lagrené (1638) ; —

10) Laignier (1776) ; — 11) Langlier (1777) ; — 12) Lefebvre (1722) ; — 13) Lemaire (1739-1749) ; — 14) Le Pruvost de Glimont (1782) ; — 15-16) Lequien (1728-1730) ; — 17) Leroy (1836) ; — 18) Lombard (1781).

229. 1-2) Maillard (1740-1781) ; — 3) Malines (1752) ; — 4) Mathon (1780) ; — 5) Moitié (1758) ; — 6) Montreville (1722) ; — 7-8) Moreau (1763-1791) ; — 9) Paillard (1663) ; — 10) Palette (1733) ; — 11) Pourcher (1779) ; — 12) Prévôt (1787) ; — 13-15) Quignon (1738-1788) ; — 16) Rabutel (1777) ; — 17) Revelle (1776) ; — 18) Revelois (1769) ; — 19-20) Ringuet (1754-1780) ; — 21) Riquier (1741) ; — 22) Roblot (1754) ; — 23) Sellier (1747) ; — 24) Stievenard (1776) ; — 25-26) Tassin (1771-1790) ; — 27) Templaix (1757) ; — 28) Tilloloy (1790) ; — 29) Vasseur (1767) ; — 30) Visme (1666-1700) ; — 31) Vrayet de Moranvillers (1786) ; — 32) Wignier (1789).

XVIe-XIXe siècle. Parchemin et papier. 85 dossiers. Liasses. (Collection De Caix de Saint-Aymour.)

230. Recueil de procédures intéressant Abbeville.

1) le bailliage (1572) ; — 2) les consuls (1788) ; — 3) la ville (1789) ; — 4-5) le curé (1854-1857) ; — 6) les cordonniers (1789) ; — 7) les cuisiniers (1769) ; — 8-9) les drapiers (1672-1674) ; — 10) Notre-Dame du Chastel (1689) ; — 11) Saint-Georges (1724-1767) ; — 12-14) Saint-Vulfran (1639-1821) ; — 15) le Val de Buigny (1609) ; — 16-25) diverses familles (Boinet, de Bonancourt, Boujonnier, Brunel, Duchesne, Flet, Houssay, Leroy, Margerin, Rumault, 1520-1828).

XVIe-XIXe siècle. Parchemin et papier. Liasse. (Collection De Caix de Saint-Aymour.)

231. Recueil de procédures intéressant Boves.

1-4) le prieuré de Saint-Aubert (1576-1791) ; — 5-9) diverses familles. (Aullier, Carrette, Legrand, Tellier, Testart, 1631-1790).

XVIe-XVIIIe siècle. Parchemin et papier. Liasse. (Collection De Caix de Saint-Aymour.)

232-234. Recueil de procédures intéressant diverses localités de la Picardie.

232. 1) Aigneville (1663); — 2-4) Athies (1537-1562); — 5) Aubigny-lès-Pierregot (1738); — 6-7) Belloy-Saint-Léonard (1750-1755); — 8) Bernaville (1829); — 9) Bonneuil (1779); — 10) Bovelles (an IX); — 11) Bus-lès-Artois (1778); — 12) Cachy (1757); — 13) Caulières (1721); — 14) Corbie (1814); — 15) Cottenchy (1777); — 16) Coulombeauvillé (1680); — 17-18) Coulonvillers 1627-1710); — 19) Crécy (1584); — 20) Daours (1755); — 21) Dargnies (1775); — 22) Domart-sur-la-Luce (1724); — 23-24) Doullens (1669-1751); — 25) Éplessier (1780); — 26-27) Estruval (1583-1781); — 28) Etelfay (1673); — 29-30) Fay-lès-Hornoy (1705-1710); — 31) La Ferté-lès-Saint-Valery (an III); — 32) Figuières (1718); — 33) Flechins (1716); — 34) Forestmontiers (1773); — 35) Foucaucourt-en-Vimeu (an II); — 36) Fouencamps (1681); — 37-39) Fourdrinoy (1735-XVIIIe s.); — 40) Froissy (1696).

233. 1) Gamaches (1811); — 2) Gapennes (1699); — 3) Le Gard (1778); — 4) Gorenflos (1703-1789); — 5) Gouy-L'Hôpital (1642); — 6) Huppy (1660); — 7) Hurt (1726); — 8) Longueau (1745); — 9) Mesnil-lès-Donqueur (1774); — 10-13) Montdidier (1671-1787); — 14) Naours (1779); — 15) Neufmoulin (1700); — 16) Noyelles-sur-Mer (1584); — 17) Oisemont (1787); — 18) Le Paraclet (1788); — 19) Péronne (XVIIIe s.); — 20) Poix (1633); — 21) Pont-Remy (1820); — 22-23) Poulainville (1778-1779); — 24) Remiencourt (1778); — 25) Roye (1640); — 26) Rosières (1777); — 27-28) Rue (1631-1778); — 29) Saint-Aubin-Montenoy (1729); — 30-31) Saint-Germain-sur-Bresle (1754-1770).

234. 1-16) Saint-Riquier (abbaye, commune, fabrique, familles Froissard, Lefebvre, Le Lourdel, Rachine, 1636-an VIII); — 17-21) Saint-Valery (1574-1841); — 22) Sallenelle (1748); — 23-24) Sarnois (1780); — 25) Vignacourt (1779); — 26) Willencourt (1713); — 27-28) Villers-sur-Authie (1297, copie-1633); — 29) Warloy-Baillon (1772); — 30-31) Yaucourt (1772-1811); — 32) Yvrench (1769).

XVIe-XIXe siècle. Parchemin et papier. 103 dossiers. Liasse. (Collection De Caix de Saint-Aymour.)

235-236. Recueil de procédures intéressant différentes seigneuries de Picardie.

235. 1) Avesnes (1588); — 2) Beaucamp-le-Vieux (1748); — 3-5) Béthencourt (1682-1708); — 6) Bonnay (1748); — 7) Boubers

(1367, copie); — 8) Canteleu (1779); — 9) Caulières (1752), — 10) Cordemoy (1719-1726); — 11) Davenescourt (XVIII° s.); — 12) Drucat (1687); — 13) Fay (XVIII° s.); — 14-16) Fontaine (1781-1787); — 17) Fressenneville (1644); — 18) Frettemeule (1639); — 19-20) Gamaches (1742-1784); — 21-22) Gapennes (1695-1698); — 23) Grimont (1698); — 24) Halloy (1684); — 25) Inneville (1640); — 26) Inval (1663); — 27) Lamorlière (1725); — 28) Langle (1781); — 29) Lignières-hors-Foucaucourt (1758).

256. 1) Miannay (1590); — 2) Molliens-au-Bois (1773-1785); — 3-4) Monsures (1743-1773); — 5) Pendé (1653); — 6) Saint-Léonard-du-Basle (1784); — 7) Septoutre (1781); — 8) Thésy (1780); — 9) Valines (1671-1672); — 10) Vilmont (1743); — 11-16) Woincourt (1643-1697); — 17) Voisin (1622); — 18) Yaucourt (1672).

XVI° et XVII° siècles. Parchemin et papier. 47 dossiers. (Collection De Cayx de Saint-Aymour.)

237. Recueil de plaidoyers d'avocats intéressant la région d'Abbeville.

XVIII° siècle. Papier. 550 feuillets. 250 sur 170 millim. Reliure en parchemin. (Collection De Caix de Saint-Aymour.)

238. Pièces diverses sur la Picardie.

1-2) Pouillés du diocèse d'Amiens (1754-1824). — 3) Calendrier picard pour 1853, par l'abbé Dairaine. — 4) Copie par l'abbé Dairaine du registre des actes de naissances de la commune de Millencourt pour les années 1654-1669. — 5) « Livre des messes et prières pour l'année 1777 » intéressant une église inconnue.

XVII°-XIX° siècle. Papier. Liasse.

239. « Livre des professions des religieuses de ce vénérable monastère du Tiers-ordre de sainct François d'Amiens, dressé et mis en ordre le XXIII de novembre mil six cent dix neuf, par commandement du Révérend Père Frère Pierre Boyteulx, provincial de la province de France parisienne » (1615-1786).

Sur le premier feuillet préliminaire, d'une main du XIX° s. : « Me vient de la nièce de M. Dauthuille. »

XVII° siècle. Papier. 159 feuillets. 165 sur 105 millim. Reliure en cuir fauve.

240. « Extrait inventaire des chartres et titres de l'abbaye du Gard, commencé le lundi 30 avril 1810, fini le samedi 9 novembre 1811. Fait et écrit par M. le marquis Le Ver au château de Mouflet. »
Dessins de sceaux. Tables.

XIXe siècle. Papier. 256 et 71 pages. 310 sur 190 millim. Reliure en cuir fauve, aux armes du marquis Le Ver.

241-243. « Les Pandectes historiales du comté de Ponthieu anciennes et nouvelles, depuis l'an 1420 jusqu'en 1722, par feu vénérable et discret maître Antoine Sangnier, prêtre-curé de Saint-Elloy d'Abbeville. »
Tomes I, II (1317-1552) et IV (1633-1715).
Sur le premier feuillet de garde du début : « Ex-libris Joannis Sangnier, mercatoris civisque Abbavillei » (*mercatoris* a été rayé). — Au verso du premier feuillet de garde du tome Ier : « Cecy a été recueili lorsque l'abbé d'Auvergne étoit prieur de Saint-Pierre. » — Sur le feuillet suivant : « Sangnier d'Abrancourt, lieutenant de la maitrize d'Abbeville. » Ex-libris imprimés de la congrégation des FF. de Saint-Vincent-de-Paul. Maison de Valloires.
Dessins à la plume : portraits, monnaies et sceaux.

XVIIIe siècle. Papier. 277, 261, 264 feuillets. 200 sur 160 millim. Reliure en cuir fauve. (Acquisition de 1913.)

244. « Les Chroniques de Nicolas Lédé, abbé de Saint-André-au-Bois. Tome II. 1498-1632. »
Sur un feuillet de garde du début, on lit : « Nicolas Lédé, trente troisième abbé... de Saint-André-au-Bois, diocèse d'Amiens (1636-1680), naquit en 1600 au village d'Offin... ; admis au noviciat des moines de l'Ordre de Prémontré de ce monastère (1617), il en devint successivement prieur claustral et abbé... Lédé a écrit l'histoire de son monastère en trois volumes, demeurés manuscrits... Lorsque sonna avec la Révolution l'heure des odieuses spoliations... les moines confièrent la garde des précieux manuscrits à leur fermier de Brunehautpré, le s[r] Bernard Foconnier... Deux se trouvèrent égarés, le second, *celui-ci*, était au milieu du XIXe siècle en la possession de M. Charles Foconnier, le petit-fils de Bernard, il me le communiqua en 1868, j'en pris copie... M. Henneguier, l'érudit Montreuillois, les RR. PP. Chartreux

durent à l'obligeance de M. Charles Foconnier de le transcrire également... Au mois de septembre dernier j'appris que M. l'abbé Delamotte, aumônier du lycée de Saint-Omer, en était l'heureux possesseur, il l'avait découvert chez un brocanteur de la ville. Il consentit à le céder à la Société des Antiquaires de Picardie... Je fus le chercher à Saint-Omer, ce jourd'hui 17 février 1913. *Signé* : A[lbéric] de C[alonne]... »

XVIIe siècle. 469 pages. 260 sur 160 millim. Reliure en cuir fauve.

245. « C'est le compte que fait et que rend Anthoine Desgardins, receveur de... Monsr Jehan de Mailly..., de touttes les receptes et mises par luy faittes es villes, terres et seigneuries dudit Mailly, Collencampt, Beaussart, Belleval et la Tour-du-Pré, pour ung an entier commençant au jour Saint-Rémy mil quatre cents quatre vingt et dix-sept ».

XVe siècle. Papier. 33 feuillets. 340 sur 210 millim. Couverture de parchemin. (Legs Pinsard, 1913.)

246-247. « Mémoire sur l'état général de toutes les provinces de France. Généralité d'Amiens. Année 1698. »

Sur un feuillet de garde : « L'original de la main de Bignon est à la Bibliothèque impériale. » — Ex-libris gravé du marquis de Fortia et cachet au nom de : De Cayrol.

XVIIIe siècle. Papier. 140 et 300 feuillets. 240 sur 185 millim. Reliure en cuir fauve. (Legs Pinsard.)

248. « Notes et critiques de feu Monsieur Charles d'Hozier sur le nobiliaire de Picardie, fait par Monsieur Haudicquer de Blancourt en 1693. »

Page 4. « Toutes les notes suivantes sont de M. Charles d'Hozier et écrites de sa main sur un exemplaire de ce livre qui est à la Bibliothèque du roy. J'ay acheté ce livre avec les anciennes notes qui avaient été copiées d'après celui de M. d'Hozier, mais soit qu'il les ait augmentées ou qu'on ait voulu en retrancher quelques-unes, j'ay trouvé qu'il y en avoit moins dedans l'original qui est aujourd'hui à la Bibliothèque du roy, et la différence d'écriture de ces notes servira à faire voir celles qui sont restituées. »

Page 136. « Table alphabétique. »

XVIII° siècle. Papier. 146 pages. 230 sur 180 millim. Reliure de parchemin. (Legs Pinsard.)

249. Recueil de pièces originales intéressant le département de l'Aisne, les localités de Goyencourt (collection Lecocq, de Saint-Quentin), La Fère, Saint-Quentin, Soissons, et les élections de 1848 dans le département.

En outre, série d'autographes des personnages suivants du même département : Blondel, De Brancas-Villars, douairière de Bucy, De Bussières, général Charpentier, De Chezelles, Colliette, Colnet, Gobinet de Villecholle, De Frezals, Mgr de Garsignies, général Lanchantin, Lebœuf, Le Carlier, Alexandre Lecointe, abbé Lequeux, Le Tellier de Bussy et marquis de Genlis, Antoine Lomet, Maillet, De Maussion, amiral Massieu de Clerval, De Mory de Neuflieu, abbé Péronne, Pingret, Quinette, De Richebourg de Valbonne, Mgr de Simony, abbé Vital Tirmache, De Visme, Vuillefroy.

XVIII° et XIX° siècles. Papier. 170 pièces. 330 sur 250 millim. Portefeuille. (Legs Pinsard.)

250. Autographes de De Bertin, baron des Bordes, Lafon des Essarts, Lesur, Macé-Descoteaux, De Sesseval.

XVIII° et XIX° siècles. Papier. 16 pièces. 330 sur 240 millim. Liasse. (Legs Pinsard.)

251. « Roye. Pièces manuscrites diverses. »
Documents provenant de la collection Lecocq, de Saint-Quentin.

XVIII° et XIX° siècles. Papier. 27 pièces. 230 sur 180 millim. Portefeuille. (Legs Pinsard.)

252. « Projet d'une rue centrale à Amiens, » par Ch. Pinsard.
Rue reliant le Port d'amont et le Port d'aval.

XIX° siècle. Papier. 17 plans. 350 sur 260 millim. Portefeuille. (Legs Pinsard.)

253. Recueil de notes sur les carrières, les tourbières et phosphates de la Somme.

Copies de documents, coupures de journaux.

 XIXe siècle. Papier. 19 pièces. 260 sur 170 millim. Portefeuille. (Legs Pinsard.)

254. « La Picardie préhistorique. »

Notice et cartes. Le ch. IV est un dictionnaire archéologique de la Picardie aux temps préhistoriques.

 XIXe siècle. Papier. 44 feuillets. 390 sur 250 millim. Reliure moderne. (Legs Pinsard.)

255. Recueil de documents archéologiques sur l'époque préhistorique.

Gravures extraites de diverses publications, dessins, coupures de journaux. — A la fin du recueil : « Cartes des savants avec qui j'ai visité Saint-Acheul; » — lettres de savants : Henry Duchworth, John Evans, G. de Mortillet, D'Acy, Ferguson fils, Prestwich, George Pouchez, A. Gaudry, de Miereville, Milleville, Boucher de Perthes.

 XIXe siècle. Papier. 64 feuillets. 370 sur 290 millim. Portefeuille. (Legs Pinsard.)

256. Recueil sur les monuments mégalithiques de la Somme.

Dessins, notices, notes, lettres intéressant surtout les polissoirs.

 XIXe siècle. Papier. 60 pièces. 350 sur 260 millim. Portefeuille. (Legs Pinsard.)

257. « Silex taillés du département de la Somme. »

Notices, dessins, photographies, coupures de journaux.

 XIXe siècle. Papier. 107 feuillets. 350 sur 260 millim. Portefeuille. (Legs Pinsard.)

258. Recueil sur la préhistoire.

Planches extraites de diverses publications, dessins.

 XIXe siècle. Papier. 60 pièces. 350 sur 260 millim. Portefeuille. (Legs Pinsard.)

259. « Archéologie de la Somme. Collection de M. Gosselin, de Marieux. »
Notices, dessins, photographies intéressant la préhistoire, l'antiquité et le moyen âge.

    XIX° siècle. Papier. 6 et 39 feuillets. 350 sur 250 millim. Reliure moderne. (Legs Pinsard.)

260. « Commune d'Ennemain. Collection de silex taillés et polis de M. Vinchon, propriétaire à Ennemain. »
Notices et dessins.

    XIX° siècle. Papier. 1 et 14 feuillets, 250 sur 250 millim. Reliure moderne. (Legs Pinsard.)

261. « Collection d'objets antiques de M. Riquier, conducteur principal des ponts et chaussées au Pont-de-Metz. Antiquités diverses trouvées principalement au Pont-de-Metz, à Hangest-sur-Somme, à La Breilloire, dans la vallée de la Somme et dans la vallée de la Selle. »
Notices et dessins.

    XIX° siècle. Papier. 45 feuillets. 360 sur 230 millim. Reliure moderne. (Legs Pinsard.)

262. « Les combles d'Éramecourt. Trois tumuli de la pierre polie. »
Notice et dessins.

    XIX° siècle. Papier. 15 feuillets. 350 sur 260 millim. Reliure moderne. (Legs Pinsard.)

263. « Cimetières anciens de la Somme. Albert, Buire-sous-Corbie, Nibas, Picquigny, Barleux. »
Notices et dessins.

    XIX° siècle. Papier. 70 feuillets. 350 sur 260 millim. Reliure moderne. (Legs Pinsard.)

264. « Ancien cimetière découvert à Albert en 1894. »
Notice, dessins, photographies. Voir *Bulletin de la Société des Antiquaires de Picardie*, t. XVIII (1892-1894), p. 556.

    XIX° siècle. Papier. V et 20 feuillets. 340 sur 250 millim. Reliure moderne. (Legs Pinsard.)

265. « Cimetière gaulois de Vers. Fouilles faites en 1880 par M. Cosserat (Oscar). Levée de plans, dessins et rapports à la Société des Antiquaires de Picardie, par Ch. Pinsard. »

Voir *Bulletin de la Société des Antiquaires de Picardie*, t. XIV (1880-1882), p. 53, 184, 189.

XIX⁰ siècle. Papier. VIII et 47 feuillets. 350 sur 250 millim. Reliure moderne. (Legs Pinsard.)

266. « Cimetière gallo-romain de Saleux. »

Notice, dessins, photographies. Voir *Bulletin de la Société des Antiquaires de Picardie*, t. XV (1883-1885), p. 353.

XIX⁰ siècle. Papier. XVI et 134 feuillets. 350 sur 250 millim. Reliure moderne. (Legs Pinsard.)

267. « Cimetière mérovingien de Cayeux-en-Santerre. »

Notice et dessins.

Voir *Bulletin de la Société des Antiquaires de Picardie*, t. XVIII (1892-1894), p. 306.

XIX⁰ siècle. Papier. 6 et 24 feuillets. 340 sur 250 millim. Reliure moderne. (Legs Pinsard.)

268. Recueil de planches, notices, notes et lettres relatif aux enceintes fortifiées préhistoriques dans le département de la Somme.

XIX⁰ siècle. Papier. 80 pièces. 350 sur 260 millim. Portefeuille. (Legs Pinsard.)

269. « Notes sur des anciens camps, fosses, carrières, refuges, excavations, etc., souterrains, cryptes. »

Table : Camps anciens, camps romains en Algérie, camps de l'Aisne, du Doubs, de la Haute-Marne, de la Haute-Saône, du Jura, du Lot, de la Marne, de la Mayenne, de la Meuse, de la Normandie, de l'Oise, du Pas-de-Calais, de la Creuse. Notices et dessins.

XIX⁰ siècle. Papier. 223 feuillets. 350 sur 260 millim. Reliure moderne. (Legs Pinsard.)

270. « Notes sur les camps, les retranchements et les enceintes dans la Somme. »

Notices, plans, dessins.

XIX° siècle. Papier. 281 feuillets. 350 sur 260 millim. Reliure moderne. (Legs Pinsard.)

271. « Camp de Genermont (annexe de Fresnes-en-Santerre). »
Notice datée du 10 janvier 1883, et planches.
Voir *Bulletin de la Société des Antiquaires de Picardie*, t. XV (1883-1885), p. 41.

XIX° siècle. Papier. 43 feuillets. 350 sur 270 millim. Reliure moderne. (Legs Pinsard.)

272. « Dessins de carreaux émaillés trouvés dans différentes localités du département de la Somme. »
Pièces provenant de l'abbaye du Paraclet près de Boves, des collections Hourdequin à Montdidier, du comte de Forceville à Forceville, Darsy, et des localités de Gamaches, Moreuil, Coucy, Compiègne, Bouchoir, Amiens (cathédrale, rue des Vergeaux), Tilloloy, Buverchy, Beauquesne, Saint-Riquier.

XIX° siècle. Papier. 93 feuillets. 350 sur 255 millim. Reliure moderne. (Legs Pinsard.)

273. « Monographie du prieuré d'Airaines. 1889. »
Dessins et photographies.

XIX° siècle. Papier. 35 feuillets. 350 sur 250 millim. Reliure moderne. (Legs Pinsard.)

274. « Recherches sur les limites de la Picardie et sur ses subdivisions. »
Contient une liste des cartes de la Picardie et des tracés partiels des limites de cette province sur la carte d'état-major.

XIX° siècle. Papier. 114 feuillets. 340 sur 250 millim. Reliure moderne. (Legs Pinsard.)

275-279. Notes sur les artistes picards.
275. Sculpteurs, A-Z.
276. Peintres, A-F.
277. — G-N.
278. — O-Z et supplément.

279. Architectes, graveurs, lithographes, musiciens, brodeurs, écrivains et miniaturistes, orfèvres, serruriers, tapissiers, verriers, divers artisans célèbres.

XIX° siècle. Papier. 220 sur 140 millim. Portefeuille. (Legs Pinsard.)

280. Notes sur les écrivains picards. A-Z.

XIX° siècle. Papier. 200 sur 170 millim. Portefeuille. (Legs Pinsard.)

281. Recueil de planches, notes, et lettres, relatif aux localités d'Éterpigny, Molliens-au-Bois, Cottenchy, Saint-Blimont, Saint-Valery-sur-Somme.

XIX° siècle. Papier. 46 pièces. 250 sur 260 millim. Portefeuille. (Legs Pinsard.)

282. Notes sur la maison de Lameth.

XVIII° et XIX° siècles. Papier. 220 sur 150 millim. Portefeuille. (Legs Pinsard.)

283. Notes sur Abbeville.

XIX° siècle. Papier. 30 pièces. 200 sur 170 millim. Liasse. (Legs Pinsard.)

284. Recueil de documents originaux, copies, notes relatifs aux corporations d'Amiens; copie de pièces de 1314 et 1356 sur la fondation d'une chapelle à Beaurevoir, documents sur le château de Péronne, etc. (procédure).

XIX° siècle. Papier. 156 pièces. 220 sur 130 millim. Portefeuille. (Legs Pinsard.)

285. Copie du cueilloir de 1416 des cens de l'hôtel-Dieu d'Amiens.

XIX° siècle. Papier. 156 feuillets. 220 sur 130 millim. Portefeuille. (Legs Pinsard.)

286. « Notes sur les rues d'Amiens. Séances du Conseil municipal, 1863-1869. »

XIX° siècle. Papier. 240 feuillets. 250 sur 180 millim. Portefeuille. (Legs Pinsard.)

287. Menues notes sur Amiens et lettres diverses adressées à Ch. Pinsard.

XIXe siècle. Papier. 250 sur 155 millim. Portefeuille. (Legs Pinsard.)

288. Menues notes sur Amiens, Tilloloy, la Picardie en général, et quelques pièces originales du XVIIIe siècle.

XIXe siècle. Papier. 290 sur 220 millim. Portefeuille. (Legs Pinsard.)

289. « Un jour d'élection sous Louis-Philippe. Comédie en deux actes » et en vers, suivie de « Molière en ménage », comédie en un acte en prose.

En tête, lettre de l'auteur Edmond Poupée à Charles Pinsard, lui adressant ce manuscrit, octobre 1900 ou 1906, « ... avant de partir pour l'autre monde je désire vous communiquer et vous confier une œuvre de jeunesse..., présentée à l'Odéon en 1845, elle fut l'objet d'un rapport élogieux de la part du sous-comité du théâtre... »

XIXe siècle. Papier. 92 feuillets. 200 sur 150 millim. Cahier cartonné. (Legs Pinsard.)

290. Notes d'E. Poupée, ancien conducteur des Ponts et chaussées à Amiens : du sixième signe du zodiaque ; — de la représentation de la 4e heure sur les horloges, les pendules et les montres ; — de l'emploi du chiffre quatre dans les nombres exprimés en chiffres romains.

XIXe siècle. Papier. 8 feuillets. 305 sur 200 millim. Liasse. (Legs Pinsard.)

291. « Mosaïque romaine découverte à Amiens, dans la cour de la gendarmerie, en mai MDCCCLVII. »

XIXe siècle. Papier. Rouleau de 1010 sur 655 millim. (Legs Pinsard.)

292. « Copie du plan de la ville d'Amiens de 1542, dont l'original est aux Archives départementales, par Am. Milvoy et N. Vivien. Amiens, 17 déc. 1894. »

XIXe siècle. Papier. Rouleau de 212 sur 101 centim. (Legs Pinsard.)

293. « Plan de la ville d'Amiens, levé géométriquement par G. Fontaine, ingénieur géographe, en 1760. Échelles de cent toises. »

XIXe siècle. Papier. Rouleau de 148 sur 180 centim. (Legs Pinsard.)

294. « Carte de la banlieue de la ville d'Amiens dans tout son pourtour, indiquée par les bornes, et de l'étendue de la chasse accordée au gouverneur, indiquée par les poteaux, sur laquelle sont désignées par des lettres et différentes couleurs les terres et fiefs, leur justice et les noms des particuliers à qui ils appartiennent. 1771. »

Calque de l'original déposé à l'hôtel de ville d'Amiens.

XIXe siècle. Papier. Rouleau de 194 sur 128 centim. (Legs Pinsard.)

295. « Cadastre d'Amiens. 1812. » Calque.

XIXe siècle. Papier. 12 planches. Portefeuille de 77 sur 60 centim. (Legs Pinsard.)

296. « Projet d'ouverture d'une rue de vingt mètres de largeur du Port au boulevard de l'Est. » Plan.

XIXe siècle. Papier. Rouleau de 344 sur 68 centim. (Legs Pinsard.)

297. Plans d'Amiens à diverses époques.

Ces plans sont publiés dans l'*Histoire de la ville d'Amiens* d'A. de Calonne (Paris, Amiens, 1899-1906, 3 vol. in-8°).

XIXe siècle. Papier. 5 plans. Rouleau de 82 centim. de largeur. (Legs Pinsard.)

298. Cadastre d'Abbeville.

Calque et liasse de notes.

XIXe siècle. Papier. 55 planches et une enveloppe. 36 sur 26 centim. Liasse. (Legs Pinsard.)

299. « Plan d'un camp situé en face l'abbaye du Gard, sur l'un des contreforts bordant la vallée, côté gauche de la Somme. »

XIXe siècle. Papier. 133 sur 110 centim. Rouleau. (Legs Pinsard.)

300. « Somme. Dessins divers. »

Calques et dessins de plans ou vues, publiés en partie. Entre autres : plan et vue de l'église d'Harbonnières (1852), halle de Gamaches, église du Candas (1784), châteaux de Bellecourt et de Saveuse, plan du tumulus du territoire d'Albert, vieilles maisons d'Amiens, cheminée du château d'Ablaincourt.

XIXe siècle. Papier. 33 planches. 77 sur 60 centim. Portefeuille. (Legs Pinsard.)

301-457. « Les communes de la Somme. »
Recueil de notes dans l'ordre alphabétique des communes.

301. Ablaincourt à Aigneville.
302. Ainval à Ailly-sur-Noye.
303. Ailly-sur-Somme à Ailly le Haut-Clocher.
304. Airaines.
305. Aizecourt à Andechy.
306.)
307. (Albert.
308. (
309.)
310. Amiens (annexes).
311. Argœuves à Arvillers.
312. Assainvillers à Ault.
313. Aumatre à Ayencourt.
314. Bacouel à Beaucourt.
315. Beaucamp-le-Jeune à Beaufort.
316. Beaumetz à Belleuse.
317. Beauval.
318. Belloy-en-Santerre à Bertangles.
319. Bernaville.
320. Berteaucourt-lès-Thennes à Béthencourt-sur-Mer.
321. Bettembos à Le Bosquel.
322. Bouchavesnes à Bourdon.
323. Bourseville à Bovelles.
324.) Boves.
325.)
326. Braches à Brutelles.
327. Buigny à Buverchy.
328. Cachy à Caix.
329. Cambron à Candas.
330. Camon.

331. Cannessières à La Chapelle-sous-Poix.
332.) Cayeux.
333.)
334. Chaulnes.
335. Chaussoy-Epagny à Clairy-Saulchoy.
336. Cléry à Combles.
337. Condé-Folie à Courcelles-sous-Thoix.
338. Conty.
339.)
340. (Corbie.
341.)
342. Courtemanche à Curlu.
343. Crécy.
344. Le Crotoy.
345. Damery à Domesmont.
346. Dominois à Dreuil-lès-Amiens.
347. Doullens (annexes).
348. Dreuil-sous-Molliens à Drucat.
349. Dury.
350. Eaucourt à Éplessier.
351. Eppeville à Ercheu.
352. Ercourt à Étréjust.
353. Falvy à Feuquières.
354. Fieffes à Flixecourt.
355. Floxicourt à Fontaine-sur-Somme.
356. Forceville-en-Vimeu à Fourcigny.
357. Fourdrinoy à Fresneville.

358. Fresnoy-Andainville à Frucourt.
359. Friville-Escabortin.
360. Gamaches.
361. Gapennes à Grattepanche.
361 bis. Grébault-Mesnil à Guyencourt-Saulcourt.
362. Hailles à Hangest-sur-Somme.
363. Hallencourt.
364.
365. } Ham.
366. Harbonnières à Hédauville.
367. Heilly à Herleville.
368. Herly à Hyencourt.
369. Hornoy.
370. Ignaucourt à Jumel.
371. La Boissière à Lamotte-Brebières.
372. Lamotte-en-Santerre à Léchelle-Saint-Aurin.
373. Les Bœufs à Lignières-lès-Roye.
374. Lihons à Longavesnes.
375. Long à Longpré-les-Corps-Saints.
376. Longueau à Lucheux.
377. Machiel à Mametz.
378. Manancourt à Mareuil.
379. Maricourt au Mazis.
380. Méaulte à Méréaucourt.
381. Mérélessart à Mesnil-Eudin.
382. Mesnil-Martinsart à Mézières.
383. Miannay à Mons-en-Chaussée.
384. Molliens-Vidame.

385. Monsures à Morlancourt.
386.
387. } Moreuil.
388. Morvillers à Muille-Villette.
389. Moyenneville.
390. Nampont à Neuville-au-Bois.
391. Nesle.
392. Neuville-Coppegueule à Nurlu.
393. Occoches à Ovillers-La Boisselle.
394. Oisemont.
395. Pargny à Pissy.
396.
397. } Picquigny.
398. Plachy à Ponthoile.
399.
400. } Poix.
401. Pont-Noyelles à Pont-Remy.
402. Popincourt à Pozières.
403. Prouville à Pys.
404. Quend à Le Quesnel.
405. Le Quesnoy-le-Montant à Quivières.
406. Raincheval à Revelles.
407. Ribeaucourt à Rouvrel.
408. Rouvroy à Rumigny.
409.
410. } Roye.
411. Rosières.
412. Rue.
413. Saigneville à Saleux.
414. Salouel à Saint-Gratien.
415. Saint-Léger-le-Pauvre à Saint-Quentin-la-Motte-Croix-au-Bailli.

416. Saint-Quentin en Tourmont à Saint-Sauflieu.
417. Saint-Sauveur à Saveuse.
418.)
419.)
420. } Saint-Valery.
421.)
422.)
423. Seux à Sorel.
424. Suzanne à Soues.
425. Tailly à Thory.
426. Tilloloy à Ugny.
427. Vacquerie à Vaudricourt.
428. Vaux-en-Amiénois à Villecourt.
429. Vers à Villers-Bocage.
430. Villeroy à Villers-sur-Authie.
431. Vignacourt.
432. Ville-sous-Corbie à Vitz-sur-Authie.
433.) Villers-Bretonneux.
434.)
435. Voyennes à Wargnies.
436. Warloy-Baillon à Woirel.
437. Y à Yzengremer.

XIXe siècle. Papier. 15 sur 21 centim. Portefeuilles. (Legs Pinsard)

438. Carte du diocèse d'Amiens en 1858, avec les divisions de l'ancien diocèse en 1789, d'après les pouillés de l'évêché, par Ad. Lipsin. 1858. »

XIXe siècle. Papier. Rouleau de 104 sur 86 centim.

439. « Corbeia renovata illustrata,... anno Domini 1745. D'après un dessin fait par Louis-Eustache Chatigny, offert par son arrière-petit-fils H. Debray. »

XVIIIe siècle. Papier. Rouleau de 99 sur 98 centim.

440. Plans du château d'Heilly.

XVIIIe siècle. Papier. 13 plans, formant un rouleau de 59 centim. de largeur.

441. « Plan des prés de Ste-Anne et des différens héritages acquis par arrest du Conseil pour l'emplacement du canal qui sera exécuté en face du château d'Heilly, ensemble ce qui appartient au seigneur, les portions qui lui en reste, et aux particuliers. Le canal tracé ainsy qu'il est rendu sur le présent, avec des nottes instructives. »

XVIIIe siècle. Papier. Rouleau de 280 sur 53 centim.

442. Recueil de plans du vidamé d'Amiens.

1) « Plan du vidamé d'Amiens, dressé en exécution de la sentence du Bureau des finances de ladite ville en datte du 20 août 1768, par nous soussignés Jacques Sellier, architecte, et Antoine-Jacques-Joseph Cailleret, géomètre, tous deux experts nommés par acte du 20 janvier 1769, suivant notre procès-verbal ci-joint des 16 mars 1769 et jours suivants, clos et arrêté ce jourd'hui neuf juillet mil sept cent soixante douze, et avons signés. Ainsi signé : Sellier et Cailleret, avec paraphe. »

2) « Plan de l'enceinte formée par le rempart à partir de la porte de l'Hautoye jusqu'à la ruelle appelée la rue de la Crotte, la rue du Bas-Vidame, la rue du Haut-Vidame et la rue de la Hautoye, avec la division du terrain, telle qu'elle paraît avoir existé en 1600, ou du moins telle qu'elle est indiquée par les titres dont il est fait mention dans le procès-verbal du 16 mars 1769, avec le nom des propriétaires et l'indication des numéros du plan, dressé aussi en 1769, qui ont rapport aux lettres de ce plan. »

3) « Plan figuratif de l'enceinte formée par la rue de l'Hautoye, la rue du Haut-Vidame, la rue Mondain et le rempart, dressé conformément aux divisions de ce terrain à l'époque des déclarations fournies au terrier de Sa Majesté, dans le cours des années 1678, 1679, 1680, 1681 et 1682, pour être comparé au plan du vidamé d'Amiens dressé en 1769. »

XVIIIe siècle. Papier. Rouleau de 70 centim. de largeur.

TABLE ALPHABÉTIQUE

Les nombres renvoient aux numéros des articles, et les petits chiffres supérieurs qui peuvent les suivre, aux feuillets ou aux pièces du manuscrit. En principe, toutes les communes du département de la Somme ont un dossier dans les notes de Ch. Pinsard, manuscrits 301-437.

A

Abbeville, 283. — Auditeurs, 205. — Bailliage, 230. — Cadastre, 298. — Capitaines, 199. — Cens, 105. — Consuls, 230. — Cordonniers, 230. —Cuisiniers, 230. — Curé, 230; voir Canet. — Drapiers, 230. — Familles et habitants, 200, 230; voir Buteux, Dairaine, Depoilly, Gaillard, Sangnier, Traullé. — Gardes du sceau, 205. — Maieurs, 205. — Maison au *Rivage*, 105. — Maîtrise, 241. — Minimes, 224. — Moulin Saint-Nicolas, 123. — Notaires de l'arrondissement, 205; voir Flaman. — Notre-Dame de la Chapelle, 223. — Notre-Dame du Chastel, 230. — Présidial, 180. — Région, 237. — Voir Saint-Éloi, Saint-Georges, Saint-Pierre, Saint-Vulfran.

Ablaincourt (cant. de Chaulnes, arr. de Péronne), 300.

Abrancourt (Sangnier d'), 241.

Acheul (Saint). Pèlerinage, 8.

Acheux (Seigneur d'), 135.

Achy (Mlle d'), 130[23].

Acy (D'), archéologue, 255.

Adam d'Ouville, 105.

Aigneville (cant. de Gamaches, arr. d'Abbeville), 232.

Aiguillon (Duchesse d'), 57[26].

Ailly (Charles d'), duc de Chaulnes, 71.

Ailly-sur-Somme (cant. de Picquigny, arr. d'Amiens), 79, 220.

Aisne. Manuscrits intéressant ce département, 249, 269.

Alart d'Encre, 62[12].

Albert (chef-lieu de cant., arr. de Péronne), 263, 264, 300. — Voir Encre.

Aleaume de Beaurain, 63.

Aleaume de Fontaine, 63[3].

Alexandre III, pape. Bulles, 62[3], 62[4].

Algérie. Camps, 269.

Allemagne du Nord. Églises, 212, 213.

Amiens, 88, 219, 287, 288. — Académie, 13. —Archives, 186. — Bailliage, 34, 40. — Banlieue, 70, 294. — Cadastre, 295. — Carmes, 7. — Cathédrale, 48. 89, 208, 210, 272. — Chambre de commerce, 195. — Chanoines, 188; voir Pingré, Vilman. — Chapelains, 23, 225. — Chapitre, 23, 26, 36, 40, 225. — Collège, 9. — Comédie, 39. — Comtes, 141. — Consuls, 193, 194. — Corporations, 284. — Couvreurs, 225. — Diocèse, 438; pouillés, 35, 72, 238. — Doctrine chrétienne (Frères de la), 12. — Doyen de l'église, 62[25]; voir Enguerran. — Échevinage et échevins, 129[6], 190; voir Lemaitre. — Églises diverses, 89. — Évêques, 4, 90, 142; voir Garin, Geoffroi, Geoffroi de La Martonye,

Gabriel de Lamotte, Pierre, Robert, Thibaut, Thierri. — Familles, 226-229.
— Feuillants, 225. — Généralité, 246.
— Hotoie, 442. — Hôtel-Dieu, 285.
— Instituteur, voir Bernard (Pierre).
— Logis du roi, 225. — La Madeleine, 8. — Maires, 191; voir Leroux, Louvencourt. — Maisons, 300.
— Maison de la Fouine, 92. — Maîtrise, 11. — Mosaïque romaine, 291.
— Musée, 22. — Noms de baptême, 187. — Notaires, 40-42, 196. — Notre-Dame du Puy, 23, 143, 189. — Official, 63^{31}, 105. — Orfèvres, 225.
— Place Périgord, 93. — Plans, 292, 293, 297. — Poissonniers, 220. — Révolution, 43. — Rues, 92, 129^{28}, 252, 286, 296, 442. — Sainte-Geneviève (Dames de), 225. — Voir Saint-Denis, Saint-Firmin-le-Confesseur, Saint-Jean, Saint-Joseph, Saint-Maurice, Saint-Nicolas, Saint-Pierre. — Saiteurs, 192. — Sœurs grises, 25. — (Surprise d'), 6. — Tabellionnage, 40, 80. — Tapissiers, 225. — Tiers-ordre de saint François, 239. — Tribunal de commerce, 194. — Ursulines, 225.
— Velours, 219. — Vidamé, 442. — (Actes donnés à), 134. — Voir Montières.
Amiens (Dreu d'), 62^{40}.
Anagni (Bulle donnée à), 62^4.
Ancher de Soissons, 135.
Andrieu (Famille), 226.
Angleterre (Roi d'), 131; voir Henri VI, Henri VIII, Charles II.
Anna, 1.
Anseau Candaveine, 62^9.
Antoine (Pèlerinage de saint), à Conty, 8.
ARCHIVES NATIONALES (Copies de pièces des), 64, 67, 70, 71.
Arcourt (Jean d'), 57^{04}.
Argoules (cant. de Rue, arr. d'Abbeville), 63. — (Gui d'), 63. — (Richard d'), 62^{19}, 63^8. — (Robert d'), 63^1.
Argovia, Argoules.
Armagnac, 134^9.
ARMOIRIES, 191, 204.
Arras, 8, 62^{27}; voir Saint-Vast et Guerri.

Arrouaise (commune de Transloy, cant. de Bapaume, arr. d'Arras). W. abbé d'A., 62^{44}.
ARTILLERIE (Recueil sur l'), 181.
ARTISTES picards, 275-279.
Artois. Armorial, 204. — (Catherine d'), 134^3.
Athar (Vallée d'), 181.
Athies (cant. de Ham, arr. de Péronne), 232.
Aubigny-lès-Pierregot (commune de Molliens-au-Bois, cant. de Villers-Bocage, arr. d'Amiens), 232.
Aullier (Famille), 231.
Aumale (Comte ou comtesse d'), 129^{12}, 134^3.
AUTOGRAPHES, 90, 130, 249, 250.
Auvergne (Abbé d'), prieur de Saint-Pierre d'Abbeville, 241.
Avesnes (Seigneur d'), 235.
AVEUX, 27-32, 71, 91, 97, 121, 131. Voir Marconnelles.
Aydicourt (Claude Lematre, seigneur d'), 6.

B

Bacouel (cant. de Conty, arr. d'Amiens). Lancelot de B., 24.
Bacq (François de), notaire, 42.
Bacquencourt (Dupleix de), 129^{19}.
Baisiu, voir Baizieux.
Baizieux (cant. de Corbie, arr. d'Amiens). Eustache de B., 62^8, 62^{35}.
Balanciae, voir Valloires.
Boldricus, voir Baudri.
Balduinus, voir Baudoin.
Baregiex (Oger), 105.
Baretangre, voir Bertangles.
Barillon, commissaire départi en Picardie, 134^{15}.
Barleux (cant. de Péronne), 263.
Baron (Famille), 226.
Barré (Louise), 224.
Bas-Vidame, quartier à Amiens, 442.
Basoches (Robert de), 135.
Basseville (Famille), 226.
Baudoin de Daours, 62^7.
Baudoin d'Encre, 62^8.
Baudri, frère de Lambert, 62^{10}.

TABLE ALPHABÉTIQUE

Bavelincourt (cant. de Villers-Bocage, arr. d'Amiens), 62.

Beaucamp-le-Vieux (cant. d'Hornoy, arr. d'Amiens), 235.

Beauchamp (Jacques, seigneur de), 131.

Beaucorroy (F. Rumet, sr de), 171.

Beaulgeu (De), 57^{89}.

Beaulieu (Edouard Lambert de), 14-21.

Beauquesne (cant. de Doullens), 272.

Beaurain (Beaurainville, cant. de Campagne-lès-Hesdin, arr. de Montreuil-sur-Mer). Aleaume de B., 63. — (Guillaume de), 63^6.

Beaurepaire (comm. de Beaumerie-Saint-Martin, cant. de Montreuil-sur-Mer), 45.

Beaurevoir, 284.

Beaussart (comm. de Mailly-Maillet, cant. d'Acheux, arr. de Doullens), 245.

Beauvais, 144, 145. — (Pierre, évêque de), 135.

Beilvais (Guillaume de), 62^{28}.

Béjot, garde de la Bibliothèque royale, 129^{22}.

Bellecourt, château, 300.

Belleforière (Maximilien de), 129^8.

Bellefort (Maître), 5.

Bellensilva, 62^{34}.

Belleval (Famille De), 49. — (Manuscrits du marquis de), 14-21, 24, 64-69, 73-78, 81-87, 104-119, 130, 131, 170-173, 176, 178-180, 184-186, 197-201, 203-207. Table de la collection, 185.

Belleval (Seigneurs de), 245.

Belloy (H. de), 169, 175.

Belloy-Saint-Léonard (cant. d'Hornoy, arr. d'Amiens), 232.

Bellus Ramus, Beaurain.

Bernard (Pierre), instituteur à Amiens, 8.

Bernart de Bertangles, 62.

Bernart de Hamel, 62^{45}.

Bernart Heinel, 62^{33}.

Bernart de Paillart, 131^4.

Bernaville (chef-lieu de cant., arr. de Doullens), 232.

Bertangles (cant. de Villers-Bocage, arr. d'Amiens). Bernart de B., 62.

Bertin (De), 250.

Bertoucort (*Laimulfus* de), 62^{34}.

Béthencourt (Seigneurs de), 235.

BIBLIOTHÈQUE NATIONALE (Copies de manuscrits de la), 98, 142, 145, 148-151, 170, 176, 204, 246.

Bignon, intendant de la généralité d'Amiens, 246.

Binart (Famille), 226.

Blancourt (Haudicquer de), 130^{24}, 180, 202, 248.

Blocquel, échevin à Montdidier, 129^4.

Blois (Acte donné à), 134^{11}. — Maître des comptes, 134^9.

Blondel, 249.

Boers (De), 129^{20}.

Boesencurt, voir Bouzencourt.

Boinet (Famille), 226, 230.

Boissière (La), cant. de Montdidier, 46.

Bonancourt (De), 238.

Boncœur (fief à Folie, comm. de Condé-Folie, cant. de Picquigny, arr. d'Amiens), 28, 29, 32.

Bonnay (cant. de Corbie, arr. d'Amiens), 235.

Bonneuil (comm. d'Esmery-Hallon, cant. de Ham, arr. de Péronne), 232.

Bordes (Baron des), 250.

Bosencort, voir Bouzencourt.

Boubers (comm. de Mons-Boubers, cant. de Saint-Valery, arr. d'Abbeville), 235. — (Jacques de), 24.

Boucher de Perthes, 255.

Bouchet (Lettre de), 57^{47}.

Bouchoir (cant. de Rosières, arr. de Montdidier), 272.

Boujonnier (Famille), 280.

Boulogne-la-Grasse (cant. de Ressons, arr. de Compiègne), 146, 147.

Bourbon (Henri de), 57^{52}. — (Jacques de), comte de Pontieu, 134^2. — (Jeanne de), abbesse de Sainte-Croix de Poitiers, 130^3. — (Louis-Antoine de), duc du Maine, 130^3. — (Louis-Henri, duc de), 130^{17}. — (Louis-Jean-Marie de), duc de Penthièvre, 130. — (Louise de), abbesse de Fontevrault, 130^{16}.

Bourbon-Conti (Claude-François de), 130^{18}.

Bourgeois (Famille), 226.
Bourges (Acte donné à), 134[4].
Bouteville (Lettre de), 129[24].
Bouzencourt (comm. de Hamel-lès-Corbie, cant. de Corbie, arr. d'Amiens), 62.
Bovelles (cant. de Molliens-Vidame, arr. d'Amiens), 232.
Boves (chef-lieu de cant., arr. d'Amiens), 231.
Boyteulx (Frère Pierre), 239.
Brajeulx, frère de Louise de Pisseleu, 57[19].
Brancas-Villars (De), 249.
Branquart (Eustache-Sulpice), arpenteur à Saint-Pol, 45.
Bratuspantium, 145.
Bray (De) de Buigny, 226.
Brecq (J.-B. de), 4.
Brecqueferet (Seigneur de), 171.
Breilloire (La), comm. de Flixecourt, cant. de Picquigny, arr. d'Amiens, 261.
Breilly (cant. de Picquigny, arr. d'Amiens), 8.
Bresseaud, auteur du ms. 177.
Brest (Conseil de guerre de), 181.
Bretagne (*Riuvalus*, duc de), 1.
Breteuil (chef-lieu de cant., arr. de Clermont), 145.
Bridelle (Lettres de), 129.
Brie (Claude), notaire, 42.
Brosse (Alexandre), 57[51]. — (Octavian), 57. — (De), 57[91].
Bruiant, architecte, 129[5].
Brunehautpré, (comm. et cant. de Campagne-lès-Hesdin, arr. de Montreuil-sur-Mer), 244.
Brunel (Famille), 230.
Bucquet, échevin à Montdidier, 129[4].
Bucy (Douairière de), 249.
Buigny (Val de), voir Val-aux-Lépreux.
Buigny (De Bray de), 226.
Buire-sous-Corbie (cant. d'Albert, arr. de Péronne), 263.
Bus (cant. de Montdidier), 147.
Bus-lès-Artois (cant. d'Acheux, arr. de Doullens), 232. — (Raoul de), 62[27].
Bus-Herberti (Terra de), 62[11].
Buscamp (N. Rumet, seigneur de), 171.
Bussières (De), 249.
Bussy (Comte Leclerc de), 219.
Bussy (Le Tellier de), 249.
Buteux, notaire, 42.
Buteux (Abbé Nicolas), 176-180, 201, 202.
Buverchy (cant. de Nesle, arr. de Péronne), 272.
Buxeria (Terra de), 62[31].

C

Cachy (cant. de Boves, arr. d'Amiens), 232.
CADASTRES. Abbeville, 298. — Amiens, 295. — La Boissière, 46.
Caffiaux (Dom), 176.
Cailleret, géomètre, 442.
Caix de Saint-Aymour (Manuscrits de la collection De), 208, 220-237.
Calonne (Albéric de), 244.
Cambrai, 57[61].
Cambron (cant. d'Abbeville-Sud), 63[10]. — (Jean de), 63.
CAMPS anciens, 268-271,
Campus Avene, voir Candaveine.
Camon (cant. d'Amiens, Sud-Est), 8, 94.
Candas (cant. de Bernaville, arr. de Doullens), 300.
Candaveine (Anseau), 62[9]. — (Hugue), 62[24].
Canet (Abbé), curé d'Abbeville, 222.
Canteleu, 235.
Capperonnier, 129[22].
Capron (Famille), 226.
Carbon (Capitaine), 103.
CARMES, 7, 224.
Caron (Famille), 226.
Caron (Hector), notaire, 42.
Caron (Louis), notaire, 42.
Caron (Martin), notaire, 42.
Caron (Nicolas), notaire, 42.
Carpantier (François), notaire, 42.
Carpantier (Nicolas), notaire, 42.
CARRELAGES, 272.
Carrette (Famille), 231.
Carrey (Famille), 226.
CARTULAIRES. Voir Dommartin, Eu, Gamaches, Picquigny, Saint-Jean d'Amiens, Saint-Laurent-au-Bois, Valloires.

TABLE ALPHABÉTIQUE   75

Carue (Jean), 131[5].
Cassine, commandant de Doullens, 129[27].
Catherine d'Artois, comtesse d'Aumale, 134[2].
Catherine de Médicis (Lettres à), 57.
Catonnet (Isidor-Abraham), géomètre à Conty, 152.
Cauchie (Famille). 226.
Caulières (cant. de Poix, arr. d'Amiens), 232, 235.
Caux (Marquis de), 129[18].
Cayeux-sur-Mer (cant. de Saint-Valery, arr. d'Abbeville). Jean de C., 131.
Cayeux-en-Santerre (cant. de Moreuil, arr. de Montdidier), 267.
Cayrol (De), 246.
Chabaud (Monsieur), 220.
CHANSONS, 12, 22.
Charles VIII, roi de France, 134[5].
Charles IX, roi de France, 134[10]. — (Lettres à), 57.
Charles II, roi d'Angleterre, 134[14].
Charpentier (Général), 249.
CHARTREUX, de Montreuil, 244; — de Gosnay, 2.
Chatigny (Louis-Eustache), 439.
Chaulnes (chef-lieu de cant., arr. de Péronne). Duc de C., 38, 71, 220.
Chaumont (Famille), 226.
Chezelles (De), 249.
Choqueuse (Seigneur de), 131.
CIMETIÈRES anciens, 263-267.
Clément (Dom), 130[10].
Clerval (Amiral Massieu de), 249.
Clotaire, roi de France, 134[1].
Cochepin (J.-B.), notaire, 42.
Cocheris (Notes de H.), 211.
Coigny (Duc de), 130[20].
Cointe (François-Bernard), meunier, 123.
Colincamps (cant. d'Acheux, arr. de Doullens), 245.
Colliette, 249.
Colnet, 249.
COMÉDIE, 289.
COMITÉS de salut public et de sûreté générale, 129.
Compiègne, 272.
COMPTES, 24, 26, 53-55, 78, 245.
Concumaisnil, 62[25].

Condé (Condé-Folie, cant. de Picquigny, arr. d'Amiens), 27-29, 31.
Constantin (Monsieur), 57[18].
Contay (cant. de Villers-Bocage, arr. d'Amiens), 62[16].
Conty (chef-lieu de cant., arr. d'Amiens), 8, 152. — (Simon de), 23.
Corbie (chef-lieu de cant., arr. d'Amiens), 8, 53, 148-151, 232, 439. — Abbé, 135 ; voir Hugue, Nicolas.
Cordeliers (comm. de Moyencourt-en-Vermandois, cant. de Roye, arr. de Montdidier), 103.
Cordemoy (Seigneurs de), 235.
Cornet (Famille), 226.
CORRESPONDANCES, 57, 60, 98, 129.
Cosserat (Oscar), 265.
Cotron (Dom Victor), 170.
Cottenchy (cant. de Boves, arr. d'Amiens), 232, 281.
Coucy (Coucy-le-Château, chef-lieu de cant., arr. de Laon), 272. — (Jacques de), 60[1].
Coulombeauvillé (fief à Neufmoulin, cant. de Nouvion, arr. d'Abbeville), 232.
Coulonvillers (cant. d'Ailly-le-Haut-Clocher, arr. d'Abbeville), 232.
Courcelles-sous-Thoix (cant. de Conty, arr. d'Amiens), 95.
COUTUMES, 37.
Cozette, suisse de la cathédrale d'Amiens, 48.
Crain, avocat, 129[12].
Crécy (chef-lieu de cant., arr. d'Abbeville), 24, 232.
Créquy (Marie de), 57[57].
Creuse (Département de la). Anciens camps, 269.
Crotte (Rue de la), à Amiens, 442.
Crouy (Antoine de), 134[10].
Cudefer (Antoine), receveur, 54.
Curcellis (Mansus de), 62[30].

D

Dairaine (Abbé), 223, 238.
Daire (Père), 209.
Dallery (Charles), 22.
Dallishamps, receveur, 144.
Daniel (Docteur), 145.

Daours (cant. de Corbie, arr. d'Amiens), 232. — *(Balduinus de)*, 62^7.
Dargnies (cant. de Gamaches, arr. d'Abbeville), 232.
Darsy (Collection), 272.
Dauthuille (Monsieur), 239.
Davenescourt (cant. de Montdidier), 235.
Daverion (Lettre de), 57^{56}.
Debray (H.), 439.
Dècle (Victor), 22.
Delacour (Famille), 227.
Delalande, astronome, 130^{21}.
Delamarre (Famille), 227.
Delamasse (Famille), 227.
Delambre (Lettre de), 129^{33}.
Delamotte (Abbé), aumônier du lycée de Saint-Omer, 244.
Delarivière (Famille), 227.
Delassaux (Famille), 227.
Delavallette (Famille), 227.
Deleau (Famille), 227.
Delgove (Abbé), 153.
Delorme (Lettre de), 57^{101}.
Dembreville (Famille), 227.
Demuin (cant. de Moreuil, arr. de Montdidier), 8.
Denis (Jean), notaire, 42.
Dent *(Paganus* al*)*, 62^{18}.
Depoilly (Laurent), 124.
Dernancourt (cant. d'Albert, arr. de Péronne). Gautier de D., 62^{44}.
Descarsin (Lettre de), 129^{29}.
Desgardins (Anthoine), 245.
Desprez (Antoine), abbé de Saint-Jean d'Amiens, 129^3.
Desprez (Famille), 227.
Destacamp (Jean), 63^{29}.
Detaille (Lettre de), 129^{28}.
Devigne (Famille), 227.
Dinan, 130^{25}.
Dodifrais, professeur, 4.
Domart-sur-la-Luce (cant. de Moreuil, arr. de Montdidier), 232.
Domice (Saint), 8.
Dominois (cant. de Crécy, arr. d'Abbeville), 131.
Dommartin (comm. de Tortefontaine, cant. d'Hesdin, arr. de Montreuil-sur-Mer). Abbaye, 66.
Donchelle (comm. de Saint-Gratien, cant. de Villers-Bocage, arr. d'Amiens), 62^{18}.
Donné (N.), chef de bureau, 216, 217.
Donville (comm. de Pont-Noyelles, cant. de Villers-Bocage, arr. d'Amiens), 62^{19}.
Doremus (Famille), 227.
Dors, voir Daours.
Doubs (Département du). Anciens camps, 269.
Doullens, 105, 129^{37}, 153, 232.
Douncel, voir Donchelle.
Downvilla, voir Donville.
Douriez, (cant. de Campagne-lès-Hesdin, arr. de Montreuil-sur-Mer), 63^{28}.
Douville (Nicolas-Jean), 180.
Dreu d'Amiens, 62^{40}.
Drogo, 63^{34}.
Drucat (cant. d'Abbeville-Nord), 235.
Du Barry (Comte Jean), 130^1.
Du Biez (Oudard), 57^{45}.
Dubois (A.), manuscrits de sa collection, 8, 36, 40-42, 44, 48, 80, 88, 94, 95, 99, 102, 143, 183, 187-195, 216, 217.
Dubois (Philippe), notaire, 42.
Dubois (Pierre), 33.
Ducange, 141.
Duchaussoy (Famille), 227.
Duchesne (Famille), 230.
Duchworth (Henri), 255.
Ducroquet (Famille), 227.
Du Demeine (Monsieur), 129^9.
Dufour (Pierre), 57^{90}.
Dufresne (Famille), 227.
Dumont, représentant du peuple, 129^{34}.
Dumontier (Famille), 227.
Dupleix de Bacquencourt, 129^{19}.
Dupont (Émilie), 172.
Duras (Duc de), 130^{12}.
Durieu (Famille), 227.
Dusevel (E.), 23.
Dutilleux (Ad.), 142.
Du Val (Anne), 224.
Duval (Jean), 134^7.
Dux (Nicolas), 134^9.

E

Eaucourt-sur-Somme (cant. d'Abbeville-Sud), 131.

Eclebecq (D'), 60³.
Écosse, 7.
ÉCRIVAINS picards, 280.
Édimbourg, 134¹⁴.
Elinan de Querrieu, 62⁴³.
Élizabeth d'Argoules, 63.
Élizabeth, comtesse de Saint-Pol, 63.
Encre (aujourd'hui Albert; voir ce mot). Alart d'E., 62¹², — (Baudoin d'), 62⁸.
Enfredus, 62¹⁶, 62⁴⁰.
Enguerran, doyen de l'église d'Amiens, 62.
Enguerran, frère d'Hugue Candaveine, 62²⁴.
Enguerran, prévôt de Morlancourt, 62²⁶.
Ennatrof, montagne d'Ecosse, 7.
Ennemain (cant. de Ham, arr. de Péronne), 260.
ÉPITAPHES, 207, 208.
plessier (cant. de Poix, arr. d'Amiens), 232.
Éramecourt (cant. de Poix, arr. d'Amiens), 262.
Ercheu (cant. de Roye, arr. de Montdidier), 96.
Ervillé (Famille), 228.
Erviller (M. d'), 57⁶³.
Esclainvillier (Lettre de), 129⁹.
Essarts (Lafon des), 250.
Essars (F. Rumet, seigneur des), 171
Essigny (Grégoire d'), 174.
Este (Madame d'), 57.
Estrée (De l'), 134⁴.
Estrée (D'), 60².
Estruval (comm. de Ponches, cant. de Crécy, arr. d'Abbeville), 232.
Étampes (Duchesse d'), 60¹¹, 60¹².
Ételfay (cant. de Montdidier), 232.
Éterpigny (cant. de Péronne), 281.
Étienne *Huntius*, 105.
Etienne, fils de Rainier, 62⁸.
Étilly (M. d'), 141.
Etrun (cant. d'Arras). Abbesse, 62¹⁵.
Eu (chef-lieu de cant., arr. de Dieppe), 69.
Eugène III, pape, 62².
Eulalius (Frater), Carmeli eremita, 7.
Eustache de Baizieux, 62⁸, 62³⁵.
Eustache de Talmas, 62.
Eustache de Vilaincourt, 62¹³, 62²⁰.

Evants (John), 255.
Évreux. Conseil de guerre. 129³¹.

F

Faloise (La), cant. d'Ailly-sur-Noye, arr. de Montdidier, 97.
Famechon (cant. de Poix, arr. d'Amiens), 219.
Fauchet (Lettre à), 129.
Fay (Seigneur de), 235.
Fay-lès-Hornoy (comm. de Thieulloy-l'Abbaye, cant. d'Hornoy, arr d'Amiens), 232.
Fère (La), 249.
Féret (Famille), 228.
Fergusan, archéologue, 255.
Ferlet (Famille), 228.
Ferté-lès-Saint-Valery (La), comm. et cant. de Saint-Valery, arr. d'Abbeville, 232.
Fescamps (cant. de Montdidier), 147.
FEUILLANTS d'Amiens, 225.
Fezensac, pays, 134⁹.
FIEFS. Du Pontieu 33. — De Picardie, 34.
Fieffes (cant. de Domart-en-Pontieu, arr. d'Abbeville), commanderie, 67.
Fienne (Philippe de), notaire, 42.
Fignières (cant. de Montdidier), 232.
Firmin de Donchelle, 62³⁸, 62²⁹.
Flaman, notaire à Abbeville, 81-87.
Flandre. Églises, 212, 213. — Comtes, voir Thierri.
Flechins (comm. de Bernes, cant. de Roisel, arr. de Péronne), 232.
Flet (Famille), 230.
Fleurigny (Louis de), 57⁹⁰.
Fleury-sur-Loire (cant. de Decize, arr. de Nevers). Moine, 1.
Florence (Italie), 57⁸³.
Florent, abbé de Saint-Josse-sur-Mer, 1.
Foconnier (Bernard et Charles), 244.
Folcuin, auteur du cartulaire de Saint-Bertin, 204.
Folie (comm. de Condé-Folie, cant. de Picquigny, arr. d'Amiens), 28-30.
Fonchette (cant. de Roye, arr. de Montdidier), 154.
Fontaine (G.), ingénieur, 293.

Fontaine-sur-Somme (cant. d'Hallencourt, arr. d'Abbeville), 98. — (Aleaume de), 63[3]. — (Hugue de), 63.
Fontaine (Seigneur de), 235.
Fontenelle (Lettre de), 130[23].
Fontevrault (cant. de Saumur). Abbesse de F., 130[16].
Forceville (Comte de), 272.
Forestmontiers (cant. de Nouvion, arr. d'Abbeville), 232.
Fortia (Marquis de), 246.
Foucaucourt-en-Vimeu (cant. d'Oisemont, arr. d'Amiens), 232.
Fouencamps (cant. de Boves, arr. d'Amiens), 232.
Fouine (Maison de la), à Amiens, 92.
Fouque de Querrieu, 62[20], 62[21].
Fouquesolles (De), 57[59], 57[60].
Fourdrinoy (cant. de Picquigny, arr. d'Amiens), 232.
Fractus Molinus, Frémoulin.
Francart (Pierre), notaire, 42.
France parisienne, province franciscaine, 239.
François (Tiers ordre de saint), 239.
François de Paule. Reliques, 224.
François Ier, roi de France (Lettres à), 57[4], 57[5]. — (Actes et lettres de), 57[27]-57[35], 134[7]-134[9].
François II, roi de France (Lettre à), 57[6].
Françoise de Jésus-Maria (Mère), 224.
Fréchencourt (cant. de Villers-Bocage, arr. d'Amiens), 62[25]. — (Poujol de), 39, 218.
Frémoulin (comm. d'Hérissart, cant. d'Acheux, arr. de Doullens), 62.
Fresecurt *(Terra de)*, 62[21].
Fresne (Seigneur de), 71.
Fresnoy-Andainville (cant. d'Oisemont, arr. d'Amiens), 105.
Fressenneville (cant. d'Ault, arr. d'Abbeville), 235.
Frettemeule (cant. de Gamaches, arr. d'Abbeville), 235.
Frezals (De), 249.
Friant (Abbé), curé d'Hornoy, 55, 62.
Froissard (Famille), de Saint-Riquier, 234.
Froissy (chef-lieu de cant., arr. de Clermont), 232.

Fruntel (Famille), 228.
Fulco, voir Fouque.

G

Gaffet (Vente), à Tilloy-lès-Conty, 79.
Gaillard (Famille), à Abbeville, 180.
Gaillard (Emmanuel), 204.
Gamaches (chef-lieu de cant., arr. d'Abbeville), 233, 235, 272, 300. — Cartulaire de Notre-Dame, 68.
Gapennes (cant. de Nouvion, arr. d'Abbeville), 233, 235.
Gard (Le), abbaye (comm. de Crouy, cant. de Picquigny, arr. d'Amiens), 105, 220, 233, 240, 299.
Garin, évêque d'Amiens, 62.
Garin, prieur de Saint-Pierre d'Abbeville, 105.
Garnier (J.). Travaux, 34, 212-215. — Manuscrits, 6, 25, 52-60.
Garsignies (Mgr De), 249.
Gaudry (A.), 255.
Gautier, abbé d'Arrouaise, 62[44].
Gautier de Dernancourt, 62[44].
Gautier Gresill, 62[36].
Gautier de Heilly, 62[4], 62[43].
Gautier, fils d'Herbert Melols, 62[4].
Gautier, *filius Laimulfi* de Bertoucort, 62[34].
Gautier Machue, 62[17].
Gautier le Salvache, 62[13], 62[28].
Gautier Tirel, 63[2].
Gayant (Chanson de), 22.
Gazette de France. Extraits, 218.
GÉNÉALOGIE, 73-76, 98, 178, 179, 180, 200-203, 248, 282.
Genermont (comm. de Fresnes-Mazancourt, cant. de Chaulnes, arr. de Péronne), 271.
Genlis (Marquis de), 249.
Geoffroi, évêque d'Amiens, 63[20].
Gerberoi (Richard de), 62[41].
Germer (Saint) Reliques, 135.
Gillet, du Conseil des mines, 129[33].
Glimont (Le Pruvost de), 228.
Glisy (cant. de Boves, arr. d'Amiens), 62[11].
Gobinet de Villecholle, 249.
Godde (A.), 47.

Godde (M.), d'Hardivillers, 145.
Gondy (Famille De), 57, 60, 55.
Gorenflos (cant. d'Ailly-le-Haut-Clocher, arr. d'Abbeville), 233.
Gorlier (Famille), 228.
Gosnay (cant. de Houdain, arr. de Béthune). Chartreuse du Mont-Sainte-Marie, 2.
Gosselin (Abbé J.), 11.
Gosselin, de Marieux, 259.
Gosuin, représentant du peuple, 129[17].
Goulfier (Madeleine), 57[100].
Gourdault (Fr. Antoine), franciscain, 142.
Gouy-L'Hôpital (cant. d'Hornoy, arr. d'Amiens), 233.
Goyencourt (cant. de Roye, arr. de Montdidier), 249.
Goze (A.), auteur du ms. 208.
Gramont (Élizabeth, comtesse de), 134[14].
Grandvilliers (chef-lieu de cant. arr., de Beauvais), 155-167.
Grattier (M. de), 22.
Graves (Monsieur), 145.
Graves (Seigneur de), écuyer de Louis XIII, 134[15].
Grenier (Dom), 148-151. — Table de sa collection de manuscrits, 184.
Grenier (Famille), 228.
Gresill (Gautier), 62[36].
Gresset. Sa comédie Le Méchant, 9.
Gribeauval (Vaquette de), 174.
Grignen (M. de), 60[11].
Grimont (comm. de Heuzecourt, cant. de Bernaville, arr. de Doullens), 235.
Grosriez (Fernand de), 202.
Guerbigny (cant. de Montdidier), 168.
Guenegaud (Henri de), 134[13].
Guerri, abbé de Saint-Vast d'Arras, 62[14], 62[19].
Gui Ier et Gui II, comtes de Pontieu, 105.
Gui, frère d'Anseau Candaveine, 62[9], 62[24].
Gui d'Argoules, 63.
Gui de Querrieu, 62[24].
Guilart de Mareskel, 105.
Guillaume aux Blanches Mains, archevêque de Reims, 62[27].
Guillaume Ier, comte de Pontieu, 105.
Guillaume II, comte de Pontieu, 63[27], 135.

Guillaume de Beaurain, 63[6].
Guillaume de Beilvaiz, 62[38].
Guillaume de Maintenay, 131.
Guiot (Floréal), représentant du peuple, 129[25].

H

Haidicourt (Lematre, seigneur d'), 6.
Haidincourt (comm. de Vaux-en-Amiénois, cant. de Villers-Bocage, arr. d'Amiens). Raoul de H., 62[19].
Halloy (Seigneur de), 235.
Hamel-Beaumont (comm. de Beaumont-Hamel, cant. d'Albert, arr. de Péronne). Bernard de H., 62[45].
Hangest (Seigneur de), 228.
Hangest-sur-Somme (cant. de Picquigny, arr. d'Amiens), 261.
Hantius (Étienne), 105.
Harbonnières (cant. de Rosières, arr. de Montdidier), 300.
Harcourt (Jean d'), 134[3].
Hardivillers, voir Godde.
Haudicquer de Blancourt, généalogiste, 130[24], 180, 202, 248.
Haut-Vidame, rue d'Amiens, 442.
Hauy (Lettre de), 129[33].
Heilly (cant. de Corbie, arr. d'Amiens). Archives du château, 52-60, 440, 441.
— (Gautier de), 62[4], 62[42].
Heinel (Bernart), 62[33].
Hémart, poète, 22.
Hénin (Joseph et Louis), 61.
Henneguier (Ch.), érudit, 1, 244.
Henresart, voir Hérissart.
Henri II, roi de France (Lettre et actes de), 57[36], 120.
Henri III, roi de France (Lettre et actes de), 57[37], 59, 134[11]. — (Lettres à), 57, 60[5].
Henri IV, roi de France, 129[6], 134[12].
Henri VI, roi d'Angleterre, 134[3].
Henri VIII, roi d'Angleterre, 59.
Henri, archevêque de Reims, 62[4].
Herbert, parent de Gui de Querrieu, 62[24].
Herbert Melols, 62[41].
Hérissart (cant. d'Acheux, arr. de Doullens). Maire, 62[9], 62[11].

Hesdin (chef-lieu de cant., arr. de Montreuil-sur-Mer). Gouverneur, 57. — Matréologe, 204.
Hesselin, 62.
Hinfray (comm. de Frettemeule, cant. de Gamaches, arr. d'Abbeville), 122.
Hocques (Élisabeth de), 222.
Homécourt (De Sachy d'), 57^{63}.
Hornoy (chef-lieu de cant., arr. d'Amiens). Curé (abbé Friant), 55, 62.
Hotoie (La), quartier d'Amiens, 442.
Houdent (comm. de Tours, cant. de Moyenneville, arr. d'Abbeville), 122.
Hourdequin (Collection), 272.
Houssay (Famille), 230.
Hozier (Charles d'), 248. — (Louis-Pierre), 180.
Hubellée (Simon), 53.
Hugue, auteur du prologue du ms. 62.
Hugue, 62^{21}, 62^{12}.
Hugue, abbé de Corbie, 62^8, 63^{33}.
Hugue, fils de Firmin de Donchelle, 62^{38}, 62^{39}.
Hugue Candaveine, 62^{24}.
Hugue de Fontaines, 63.
Hugue Le Bret, 105.
Hugue Lemoyne, 63^{16}.
Hugue Quiéret, 63^{30}.
Hugue de Saint-Pol, 62^{43}, 62^{48}.
Hugue de Vilaincourt, 62^{13}.
Humières (D'), 129.
Huppy (cant. d'Hallencourt, arr. d'Abbeville), 233.
Hurt (comm. de Cayeux, cant. de Saint-Valery, arr. d'Abbeville), 233.
Huvet (Abbé), 129^{10}.
Hyb. (Fr.). Lettre ainsi signée, 57^{93}.

I

Ignace de Jésus et Marie, religieux Carme, 7, 224.
Incrensis, voir Encre.
Ingerrannus, voir Enguerran.
Inneville (comm. de Marquivillers, cant. de Montdidier), 235.
Innocent de Saint-Jacques (Le Père), 7.
Inval (Seigneur d'), 236.
Invau (D'), 130^{28}.

INVENTAIRE de meubles, 56.
Isembard, moine de Fleury, 1.
Ivert de Jumel, 62^{39}.

J

Jacques de Beauchamp, 131.
Jacques de Boubers, 24.
Jacques de Bourbon, comte de Pontieu, 134^2.
Jacques de Coucy, 60^1.
Janvier (Lettre à), 129^{33}.
Jean le Bon, roi de France, 134^2, 204.
Jean, comte de Pontieu, 105.
Jean, prévôt de Morlancourt, 62^{35}, 62^{42}.
Jean, fils d'Eustache de Vilaincourt, 62^{30}.
Jean de Cambron, 63.
Jean Carue, 131.
Jean de Cayeux, 131.
Jean d'Eaucourt, 131.
Jean d'Harcourt, comte d'Aumale, 134^3.
Jean de Mailly, 245.
Jean Paterne, 62^{41}, 62^{44}.
Jean de Quesnoy, 131.
Jean de Tileinecurt, 62^{39}.
Johannes, voir Jean.
Joly de Fleury, 129^{33}.
Joly (Louis), notaire, 42.
Josse (Saint), 1.
Judas (Famille), 50.
Jumel (cant. d'Ailly-sur-Noye, arr. de Montdidier), 62^{39}.
Jura. Anciens camps dans ce département, 269.

K

Kerriu, *Kirriacum*, voir Querrieu.

L

Labitte, de Campremy, 145.
La Chalotais, 130^{25}.
Lafon des Essarts, 250.
Lagrené (Famille), 228.
Laguette (Jean), trésorier, 134^8.
Laignier (Famille), 228.
Laimulfus de Bertoucort, 62^{34}.
Lallart (Sœur Marie-Louise), 2.
La Manche (Desdé), 22.

La Martonye (Geoffroy de La), évêque d'Amiens, 134[11].
Lambercourt (comm. de Miannay, cant. de Moyenneville, arr. d'Abbeville), 131.
Lambert, frère de Baudri, 62[10].
Lameth (Maison de), 282. — (Jacques de), 129[1], 129[2].
Lamorlière (Seigneurs de), 235. — (Natalis de), 13.
Lamotte (Gabriel d'Orléans de), évêque d'Amiens, 22.
Lamotte, localité, 129[29].
Lanchantin (Général), 249.
Langle (Seigneurs de), 235.
Langlier (Famille), 228.
Languedoc (Garde des Salpêtres en), 134[7].
Larme (La Sainte), à Selincourt, 8.
La Tour du Pin. Autographe, 130[26].
Laumont, du Conseil des mines, 129[33].
Lebœuf. Autographe, 249.
Le Bret (Hugue), 105.
Le Carlier. Autographe, 249.
Leclerc de Bussy (Comte), 219.
Leclerq, marchand à Lamotte, 129[30].
Lecocq (Collection), 249, 251.
Lecointe (Alexandre), 249.
Ledé (Nicolas), abbé de Saint-André-au-Bois, 244.
Ledieu (J.-B.), 23. — (M. Léon), 72.
Lefebvre (Famille), 228, 234.
Lefebvre (François), seigneur de Sombrin, 121.
Lefebvre-Marchand, auteur des manuscrits 154 et 168.
Lefebvre de Saint-Remy (Jean), 172.
Le Féron (Marie), 23.
Legrand (Famille), 231.
Legras, 60[9].
Le Hucher (Mathurin), 134[0].
Leleu (?), 129[17].
Lelièvre, du Conseil des mines, 129[23].
Le Lourdel (Famille), 234.
Lemaire (Famille), 228.
Lematre (Claude), échevin d'Amiens, 6.
Lemoyne (Hugue), 63[10].
Le Pruvost de Glimont (Famille), 228.
Lequeux (Abbé), 249.
Lequien (Famille), 228.

Leroux (Charles-Florimond), maire d'Amiens, 44.
Leroy (Famille), 228, 230.
Le Salvache (Gautier), 62[13], 62[38].
Lesur. Autographe, 250.
Le Tellier de Bussy. Autographe, 249.
Le Ver (Marquis). Manuscrits de sa collection, 64, 66, 81, 85-87, 180, 185, 197-199, 203-206, 240.
Liège (Comte du), 33.
Lignières-hors-Foucaucourt (cant. d'Oisemont, arr. d'Amiens), 235.
LIGUE, à Amiens, 6.
Lihons (cant. de Chaulnes, arr. de Péronne), 168.
Lille. Conseil de guerre, 181.
Limeux (Antoine), notaire, 42.
Lionne (Laurent de), 220.
Lipsin (Ad.), 438.
Lombard (Famille), 228.
Lornet (Antoine), 249.
Longpré-les-Corps-Saints (cant. d'Hallencourt, arr. d'Abbeville), 98.
Longueau (cant. d'Amiens Sud-Est), 103, 233. — (Robert de), 62[11].
Longueville (Duc de), 57[10], 57[12].
Lorraine (Marguerite de), duchesse d'Orléans, 130[27].
Lorient. Conseil de guerre, 181.
Lorillart (Jean), laboureur, 134[8].
Lot (Département du). Anciens camps, 269.
Louis XI, roi de France (Actes de), 134.
Louis XII, roi de France (Actes de), 24, 134[0].
Louis XIII, roi de France (Actes de), 120, 134[12].
Louis XIV, roi de France (Actes de), 120, 134[15].
Louis XV, roi de France (Actes de), 120.
Louis XVI, roi de France (Actes de), 12, 120.
Louis-Philippe. « Un jour d'élection sous L.-P. », comédie, 289.
Louvel (Antoine), seigneur de Fresne, 71.
Louvencourt (Augustin de), maire d'Amiens, 6.
Lucius III, pape, 62[21], 62[24], 105.

M

M., abbesse d'Etrun, 62[15].
Macé Descoteaux, 250.
Machart (François), 42.
Machue (Gautier), 62[17].
Madeleine (La), dépendance d'Amiens. Pèlerinage, 8.
Magdeleine (Bénigne), notaire, 42.
Maillard (Famille), 229.
Maillet. Autographe, 249.
Mailly. Four bannier, 134[4].
Mailly-Maillet (cant. d'Acheux, arr. de Doullens), 245. — (Jehan de), 245.
Maine (Duc du), 130[3].
Maineville, 62[21]. Cf. Manevile.
Maintenay (cant. de Campagne-les-Hesdin, arr. de Montreuil). Guillaume de M., 131.
Malines (Famille), 229.
Mandre (Comte de), 9.
Manevile, 62[20]. Cf. Maineville.
Mannecier (Raoul), sergent de la forêt de Crécy, 24.
Marchand (Jean), notaire, 42.
Marconnelles. Seigneurie, 71.
Mareskel (Guilart de), 105.
Mareuil (cant. d'Abbeville-Sud), 9.
Margerin (Famille), 230.
MARINE (Recueil sur la), 181.
Marivet (Baron de), 129[21].
Marle (Chanoine), 2.
Marne. Anciens camps de ce département, 269.
Marne (Haute-). Anciens camps de ce département, 269.
Martin (Abbé), curé du Pont-de-Metz, 34.
Martin (Jean), notaire, 42.
Martinval (Abbé), 146, 147.
Martinval (Pierre), maître d'école de la Boissière, 45.
Massieu de Clerval, 249.
Mathon (Famille), 229.
Matifas (M. L.), 47, 51, 92, 133.
Maubuisson (Lettre signée), 129[7].
Maussion. Autographe, 249.
Mautort (comm. d'Abbeville), 121.

Mayenne.(Départementde la).Camps,269.
Méchant (Le). Comédie de Gresset, 9.
Médicis (Catherine de), 57.
Melols (Herbert), 62[41].
Mercey (M. de), 97.
Mercier, bibliothécaire de Sainte-Geneviève, 130[10].
Méricourt-l'Abbé (cant. de Bray, arr. de Péronne), 62.
Merlier (Pierre de), notaire, 42.
Merly, localité, 134[8].
Mesnil-Domqueur (cant. d'Ailly-le-Haut-Clocher, arr. d'Abbeville), 233.
Mesnil-lès-Franleu (comm. de Franleu, cant. de Saint-Valery, arr. d'Abbeville), 131.
Mesnil-Saint-Vaneng (comm. d'Esmery-Hallon, cant. de Ham, arr. de Péronne), 103.
MESURES (Recueil sur les), 182, 183.
Meswecq (M. de), 129[17].
Meuse (Département de la). Anciens camps, 269.
Miannay (cant. de Moyenneville, arr. d'Abbeville), 121, 236.
Miereville (De), 255.
Mille, secrétaire du Conseil de guerre d'Évreux, 129[31].
Millencourt (cant. de Nouvion, arr. d'Abbeville), 238.
Milleville, savant, 255.
Milvoy (Am.), 292.
MINIMES d'Abbeville, 224.
MINUTES notariales, 40-42, 81-87.
Miraumont (Martin de), notaire, 42.
MISSION (Congrégation de la), 4.
Moismont (comm. du Boisle, cant. de Crécy, arr. d'Abbeville), 63[10].
Moitié (Famille), 229.
Molière en ménage. Comédie, 289.
Molliens (Poujol de), 169, 175.
Molliens-au-Bois (cant. de Villers-Bocage, arr. d'Amiens), 99.
Molliens-Vidame (chef-lieu de cant., arr. d'Amiens), 236, 281.
Mons Desiderii, voir Montdidier.
Monsures (cant. de Conty, arr. d'Amiens), 236.
Mont-Sainte-Marie, chartreuse à Gosnay, 2.

Montbarey (Prince de), 130[30].
Montcornet (Baron de), 134[10].
Mondain (Rue), à Amiens, 442.
Montdidier, 233. — Collection Hourdequin, 272. — Coutume, 37. — Échevins, 129[4]. — *(Warengotus de)*. 62[40].
Montfaucon (Bernard de), 130[31].
Montferrand (Marquise de), 130[29].
Montières (comm. d'Amiens), 220.
Montigny-sur-Authie (comm. de Nampont, cant. de Rue, arr. d'Abbeville), 63[31].
Montmartel (M. de), 129[18].
Montmignon, avocat, 6.
MONTRES de gens d'armes, 132.
Montreuil-sur-Mer. Chartreux, 244.
Montreville (Famille), 229.
Moranvillers (Vrayet de), 229.
Moreau (Famille), 229.
Moreuil (chef-lieu de cant., arr. de Montdidier), 272.
Morlancourt (cant. de Bray, arr. de Péronne), 62.
Mortillet (G. de), 255.
Mory de Neuflieu (De), 249.
MOSAÏQUE romaine, 291.
Mouflet, château, 240.
Moulins (Lettres royaux données à), 24.
Moy (François de), 60[6].
Moyemont, voir Moismont.
Moyencourt-sous-Poix (cant. de Poix, arr. d'Amiens). Curé, 7.
Moyencourt-en-Vermandois (cant. de Roye, arr. de Montdidier), 100.

N

N., abbé de Corbie, 62[44], voir Nicolas.
Nampont-Saint-Martin (canton de Rue, arr. d'Abbeville), 47.
Naours (cant. de Domart-en-Ponthieu, arr. de Doullens), 233.
Napoléon 1er. Arc de Triomphe en son honneur, 47.
Neuflieu (De Mory de), 249.
Neufmoulin (cant. de Nouvion, arr. d'Abbeville), 233.
Nibas (cant. d'Ault, arr. d'Abbeville), 263.
Nicolas, évêque de Noyon, 135.

Nicolas, abbé de Corbie, 62[14], 62[42], 62[44].
Nigellula, voir Noyelle.
Nivelon, évêque de Soissons, 135.
Normandie. Camps, 269. — Blasons, 204.
Notre-Dame de la Chapelle, à Abbeville, 223.
Notre-Dame du Chastel, à Abbeville, 230.
Notre-Dame des Grâces, pèlerinage, 8.
Notre-Dame du Puy, confrérie à Amiens, 143, 189.
Notre-Dame des Vertus, pèlerinage, 8.
Nouvion (chef-lieu de cant., arr. d'Abbeville), 134[1].
Novi Loci (curia), 62[15].
Noyelles (comm. de Pont-Noyelles, cant. de Villers-Bocage, arr. d'Amiens). Roger de N., 62[25].
Noyelles-sur-Mer (cant. de Nouvion, arr. d'Abbeville), 233.
Noyon (chef-lieu de cant., arr. de Compiègne). Évêque, voir Nicolas. — Commune, 135.

O

Oda, femme de Gautier Machue, 62[17].
OFFICE de saint Riquier, 3. — Office de la nuit, 2.
Offin (cant. de Campagne-lès-Hesdin, arr. de Montreuil-sur-Mer), 244.
Oger Baregiex, 105.
Oise (Département de l'). Anciens camps, 269.
Oisemont (chef-lieu de cant., arr. d'Amiens), 233.
Orléans (Gabriel d') de Lamotte, évêque d'Amiens, 22.
Orléans (Marguerite de Lorraine, duchesse d'), 130[37].
Ouen (Saint). Pèlerinage à Démuin, 8.
Ouville (comm. de Hautvillers-Ouville, cant. de Nouvion, arr. d'Abbeville). Adam d'O., 105.

P

Paganus al Dent, 62[18].
Paillard (Famille), 229.

Paillart (Bernard de), 131⁴.
Palette (Famille), 229.
Paraclet (Le), comm. de Cottenchy, cant. de Boves, arr. d'Amiens, 233, 372.
Paris, 134. — Bibliothèque Sainte-Geneviève, 68, 69. — (Carme de), voir Ignace. — Garde nationale, 22. — Invalides, 181. — Official, 135. — Poids et mesures, 182. — Université, 169.
Pas-de-Calais. Département, 66, 269.
Paterne (Jean), 62⁴¹, 62⁴⁴.
Patron, négociant à Amiens, 129²⁸.
Paulet (Robert), 62⁴¹.
Pays-Bas (Guerre avec les), 134¹⁵.
Pécoul (André), notaire, 42.
Peisé (Noël), 42.
PÈLERINAGES divers, 8.
Pendé (cant. de Saint-Valery, arr. d'Abbeville), 236.
Penthièvre (Duc de), 130.
Perdu (Notaires du nom de). (A), 41. — (Antoine), 42. — (Augustin), 42. — (Nicolas), 42. .
Périgord (Place), à Amiens, 93.
Péronne, 37, 233, 284.
Péronne (Abbé), 249.
Pertain (Bien de), 101.
Perthes (Boucher de), 255.
Philippe Ier, roi de France, 105.
Philippe, chanoine de Reims, 62⁴¹.
PHILOSOPHIE (Cours de), 10.
Picard. Étude sur ce nom, 177.
Picardie. Pièces et notes, 134-138, 212-215, 238. — Armorial, 204. — Artistes, 275. — Canal, 220. — Chambre de commerce, 195. — Commissaire, 134¹⁵. — Écrivains, 280. — Fiefs, 34. — Gens d'armes, 132. — Guerre (1631-1638), 218. — Histoire de Dom Caffiaux, 176. — Limites, 274. — (Mémoire sur la), 175. — Préhistoire, 254. — Travaux publics, 133. — Voies romaines, 174.
Pichon (Baron), 9.
Picquigny (chef-lieu de cant., arr. d'Amiens), 64, 65, 79, 263.
Pie (Charles et Pierre), poissonniers à Amiens, 220.

Pierre (Saint). Pèlerinage à Corbie, 8.
Pierre, évêque d'Amiens, 23.
Pierre, évêque de Beauvais, 135.
Pierre de Villers, 62¹⁶.
Pingré (Pierre-Joseph), chanoine d'Amiens, 26.
Pingret. Autographe, 249.
Pinsard (Charles). Ses manuscrits, 70, 245-437.
Pisseleu (De). Famille, 53-57.
Plaches (Campus des), 63⁷.
PLANS, 45-47, 292-300, 439-442.
Plessis-Belleville (Seigneur du), 134¹³.
Poitiers. Abbesse de Sainte-Croix, 130⁸.
Poix (chef-lieu de cant., arr. d'Amiens), 177, 233.
Pompadour, localité, 129⁷.
Pont-Remy (cant. d'Ailly-le-Haut-Clocher, arr. d'Abbeville), 233.
Pont-de-Metz (cant. d'Amiens Sud-Ouest), 34, 261.
Ponthieu. Chartes, 104-119. — Chronique de Rumet, 171. — Comté, 134³. — Comtes, 131 ; voir Gui Ier, Gui II, Jean, Guillaume, Jacques de Bourbon. — Fiefs, 33. — Généalogies, 73-76. — Eaux et Forêts, 221. — Élus, 57⁴⁶. — Familles, 200. — Histoire, 241-243. — Notes, 185, 205. — Minutes notariales, 87. — Officiers civils, 198. — Pièces s'y rapportant, 78, 120-128. Receveurs, 24, 199. — Sénéchaux, 197. — Testaments 77.
Poquet (Abbé), 210.
Porcheron (Dom Placide), 145.
Portien (Comté de), 134¹⁰.
Potron (Famille), 51.
Pouchez (George), 255.
POUILLÉS. Du diocèse d'Amiens, 35, 72, 238.
Pouillet (Abbé), curé de Moyencourt-sous-Poix, 7.
Poujol de Fréchencourt, 39, 218.
Poujol de Molliens, 169, 175.
Poulainville (cant. d'Amiens N.-E.), 233.
Poupée (Edmond), 289.
Pourcher (Famille), 229.
Pouy (F.), 23.
Povanina (Paccitea), 57.
PRÉHISTOIRE, 254 et suiv.

Prémontré (Ordre de). 244.
Prestwich, savant, 255.
Prévôt (Famille), 229.

Q

Quatorse (Jacques), notaire, 42.
Querrieu (cant. de Villers-Bocage, arr. d'Amiens). Élinan de Q., 62^{43}. — (Fouque de), 62^{20}, 62^{21}, — (Gui de), 62^{24}. — (Simon de), 62^{45}.
Quesnoy (Jean de), 131.
Quiéret (Hugue), 63^{30}.
Quignon (Jean), notaire, 42.
Quignon (Famille), 229.
Quinette. Autographe, 249.

R

Rabutel (Famille), 229.
Rachine (Famille), 234.
Radiguet, secrétaire général de la Somme, 22.
Radulfus, voir Raoul.
Rainier, père de Rainier, Étienne et Baudoin, 62^8.
Rainier, fils de Rainier, 62^8.
Raoul, *filius Warengoti*, 62^{40}.
Raoul de Bus, 62^{27}.
Raoul de Haidincourt, 62^{10}.
Raoul de Soissons, 135.
Rascendis de Vadencourt, 62^{31}.
Raseux (Lettre signée), 57^{102}.
Regni, localité, 62^{29}.
Reims, archevêque, 129^{23}; voir Henri, Guillaume aux Blanches Mains, 62^{27}. — Chanoine, voir Philippe.
Rembault (Madame), 35.
Remiencourt (cant. de Boves, arr. d'Amiens), 233.
Renard (Abbé), 22.
Revelle (De), famille, 229.
Revelois (De), famille, 229.
Reynes (Marquis de), 134^{10}.
Ribemont (cant. de Corbie, arr. d'Amiens). Seigneur, 53.
Ricard (Jean), notaire, 42.
Richart d'Argoules, 63^8.
Richart de Gerberoi, 62^{41}.
Richebourg de Valbonne (De), 249.

Richelieu (Cardinal de), 129^8, 134^{13}.
Ringuet (Famille), 229.
Riquier (Fête de saint), 3.
Riquier (Collection), 261.
Riquier (Famille), 229.
Riuvalus, duc de Bretagne, 1.
Rivière, 62^{25}, 62^{26}.
Robert, évêque d'Amiens, 62.
Robert, maire d'Hérissart, 62^9, 62^{11}.
Robert d'Argoules, 63^1.
Robert de Bazoches, 135.
Robert de Longueau, 62^{11}.
Robert Paulet, 62^{41}.
Robert de Vilaincourt, 62^{41}.
Roberte, femme d'Elinan de Querrieu, 62^{43}.
Robin (Barthélemy), 134^6.
Roblot (Famille), 229.
Roche (Adrien), notaire, 42.
Roche (Alexandre), notaire, 42.
Roche (Nicolas), notaire, 42.
Rochepot (M. de La), 129.
Roger (Firmin), notaire, 42.
Roger de Noyelle, 62^{25}.
Rohault (Alexandre), notaire, 42.
Romano (Giacomo), 57^{84}.
Rose (Roman de la), 5.
Rosières (chef-lieu de cant., arr. de Montdidier), 169, 233.
Rosny (De), 174, 209.
Rouge Pilier (Chapelle de la cathédrale d'Amiens), 23.
Rousseville (De), procureur du roi, 207.
Roye (chef-lieu de cant., arr. de Montdidier), 233, 251. — Gouverneur, 37.
Roze (Abbé), 7, 72.
Rue (chef-lieu de cant., arr. d'Abbeville), 134^5, 233.
Rumault (Famille), 230.
Rumet (François), 171.
Rusca (Lettre signée), 57^{94}.

S

Sachy d'Homécourt (De), 57^{63}.
Saillans (Gaspard de), 134^7.
Sailly-Lorette (cant. de Bray, arr. de Péronne), 220.
Sains (cant. de Boves, arr. d'Amiens), 8.
Saint-Acheul, quartier d'Amiens, 255.

Saint-André-au-Bois (comm. de Gouy-Saint-André, cant. de Campagne-lès-Hesdin, arr. de Montreuil-sur-Mer). Abbaye, 244.
Saint-Aubert, prieuré à Boves, 231.
Saint-Aubin-Montenoy (cant. de Molliens-Vidame, arr. d'Amiens), 233.
Saint-Bertin, abbaye à Saint-Omer. Cartulaire, 204.
Saint-Blimont (cant. de Saint-Valery, arr. d'Abbeville), 281.
Saint-Denis, prieuré à Amiens, 62^{15}.
Saint-Éloi, église d'Abbeville, 241.
Saint-Firmin-le-Confesseur, Collégiale à Amiens, 62^9.
Saint-Fuscien (cant. de Boves, arr. d'Amiens), 8. — (François de), notaire, 42.
Saint-Georges, église d'Abbeville, 230.
Saint-Germain-en-Laye (chef-lieu de cant., arr. de Versailles), Actes y donnés, 134.
Saint-Germain-sur-Bresle (cant. d'Hornoy, arr. d'Amiens), 233.
Saint-Jean, abbaye à Amiens, 91, 105, 129^3.
Saint-Joseph, couvent de Carmes à Amiens, 7.
Saint-Josse (cant. de Montreuil-sur-Mer), abbaye, 1, 63^{29}.
Saint-Laurent-au-Bois, prieuré (comm. de Ribemont, cant. de Corbie, arr. d'Amiens). Cartulaire, 62.
Saint-Léonard-du-Basle, 236.
Saint-Maurice, église à Amiens, 8.
Saint-Médard, abbaye à Soissons, 134^1.
Saint-Nicolas, moulin à Abbeville, 123.
Saint-Nicolas des Clercs, chapelle à Amiens, 225.
Saint-Omer. Aumônier du lycée, 244.
Saint-Pierre, prieuré à Abbeville, 87, 105, 241.
Saint-Pierre, église à Amiens, 8.
Saint-Pierre, abbaye à Selincourt (cant. d'Hornoy, arr. d'Amiens), 105.
Saint-Pol. Seigneurs, voir Hugue et Élisabeth. — Habitants, voir Branquart, Barré (Louise).
Saint-Quentin, 182, 219, 249.
Saint-Remy (Jean Lefebvre, s^r de), 172.

Saint-Riquier (cant. d'Ailly-le-Haut-Clocher, arr. d'Abbeville), 234, 272. — Châtellenie, 186. — Chronique, 170.
Saint-Sauveur, prieuré à Doullens, 105.
Saint-Simon (chef-lieu de cant., arr. de Saint-Quentin), 220.
Saint-Valery (chef-lieu de cant., arr. d'Abbeville), 234, 281. — Chevalier, voir Beaulieu.
Saint-Vast, abbaye à Arras, 62^{14}, 62^{19}.
Saint-Vincent-de-Paul (Congrégation de), 241.
Saint-Vulfran, collégiale à Abbeville, 105, 230.
Sainte-Anne (Prés), à Heilly, 441.
Sainte-Croix, abbaye à Poitiers, 130^3.
Sainte-Geneviève (Dames de), à Amiens, 225.
Sainte-Geneviève (Bibliothèque), à Paris, 130^{19}.
Saismunvilla, 62^{15}, 62^{17}.
Saisunvilla, 62^{34}.
Saleux (cant. de Boves, arr. d'Amiens), 266.
Sallenelle (comm. de Pendé, cant. de Saint-Valery, arr. d'Abbeville), 234.
Samarobriva, ancien nom d'Amiens, 204.
Sanguier (Antoine), curé de Saint-Éloy d'Abbeville, 241.
Sanguier (Jean), marchand d'Abbeville, 241.
Sanguier d'Abrancourt, 241.
Sanson, bourreau, 12, 13.
Saône (Haute-). Anciens camps dans ce département, 269.
Sarnois (cant. de Grandvilliers, arr. de Beauvais), 234.
Sauvage (Gautier), 62^{13}, 62^{28}.
Saveuse (cant. d'Amiens Nord-Est), 300.
Savoi (De), 129^{15}.
Sedan. Conseil de guerre, 181.
Segni (Bulle donnée à), 62^{34}.
Selincourt (cant. d'Hornoy, arr. d'Amiens). Sainte-Larme, 8. — Saint-Pierre, 105.
Selle, affluent de la Somme, 261.
Sellier (Jacques), architecte, 442.
Sellier (Famille), 229.
Sénéchal, professeur, 10.
Senlis, 63^{35}.

TABLE ALPHABÉTIQUE

Seols (Terre de), 62.
Septenville (comm. de Rubempré, cant. de Villers-Bocage, arr. d'Amiens), 102.
Septoutre (comm. d'Ainval-Septoutre, cant. d'Ailly-sur-Noye, arr. de Montdidier), 236.
SERMONS, 98, 222.
Sesseval (De), 129^{13}, 250.
Sieyès, 130^{32}.
SILEX taillés, voir Préhistoire.
Silvaticus, voir Sauvage.
Simon de Conty, 23.
Simon de Querrieu, 62^{45}.
Simony (Mgr de), 249.
SOEURS GRISES d'Amiens, 25.
Soissons, 249. — Évêque, voir Nivelon. — Saint-Médard, 134^1. — (Raoul et Ancher de), 135.
Sombrin (Seigneur de), 121.
Somme, rivière, 134^{12}, 220.
Somme, département. Carrières, 253. — Archéologie préhistorique, 256 et suiv. — Chef de Bureau à la Préfecture, voir Donné. — Représentants, voir Dumont, Guiot.
Soyez (E.), 37.
Stephanus, voir Étienne.
Stievenard (Famille), 229.
Strumensis abbatissa, voir Etrun.
Suffren (Amiral de), 129^{20}.
Sulpice (Pèlerinage de Saint), à Breilly, 8.
Sybert (Lettre signée), 57^{92}.

T

Taboureau (M.), 220.
Talmas (cant. de Domart en Ponticu, arr. de Doullens), 62^{26}. — (Eustache de), 62^{39}, 62^{47}.
Tassart (M.), de Breteuil, 145.
Tassin (Famille), 229.
Tellier (Famille), 231.
Templaix (Famille), 229.
TESTAMENTS, 77.
Testart (Famille), 231.
Thézy-Glimont (cant. de Boves, arr. d'Amiens), 236.
Thibaut, évêque d'Amiens, 62.

Thierri, évêque d'Amiens, 62.
Thierri, comte de Flandre, 62^{26}.
Thierry (Lettre signée), 129^{31}.
Thiron (Abbé), 11.
Thomas *Radulphi*, 1.
Thorel-Perrin (Manuscrits de M.), 155-167.
Tileinecurt (Jean de), 62^{39}.
Tillette (Jean), 121.
Tilloloy (Famille), 229.
Tilloloy-lès-Roye (cant. de Roye, arr. de de Montdidier), 272, 288.
Tilloy-lès-Conty (cant. de Conty, arr. d'Amiens), 7, 79.
Tirel (Gautier), 63^3.
Tirmache (Abbé Vital), 249.
Toulouse, 134^6.
Tour-du-Pré (La), comm. d'Auchonvillers, cant. d'Albert, arr. de Péronne, 245.
Tours. Lettres royaux y données, 24.
Trancart (Charles), notaire, 42.
Traullé (Famille), d'Abbeville, 130^{21}.
TRAVAUX PUBLICS, 133.
Troyes (Jean de), 204.
Tryel (A.), 57^{98}.
Turgot, 220.
Tusculum. Bulle y donnée, 62^3.

U

Ulphe (Sainte). Pèlerinage, 8.
URSULINES d'Amiens, 225.

V

Vadencourt (cant. de Villers-Bocage, arr. d'Amiens), 62.
Val-aux-Lépreux (comm. de Laviers, cant. d'Abbeville-Nord), 230.
Valant (Lettre signée), 129^{30}.
Valbonne de Richebourg (De), 249.
Valines (Seigneur de), 236.
Vallance (Famille), de Verdun, 224.
Vallart (Joseph), 209.
Valles, voir Vaux-sous-Corbie.
Valloires (comm. d'Argoules, cant. de Rue, arr. d'Abbeville), 241. — Cartulaire de l'abbaye, 63.
Valsery (comm. de Cœuvres et Valsery,

cant. de Vic-sur-Aisne, arr. de Soissons). Abbaye, 135.
Vaquette de Gribeauval, 174.
Vassel (Eusèbe), 10.
Vassel (J.-B.), 10.
Vasseur (Famille), 229.
Vauban, 130^{25}.
Vast (Pèlerinage de saint), à Camon, 8.
Vaux-sous-Corbie (cant. de Corbie, arr. d'Amiens), 62^{42}.
Vendôme (Mgr de), 57^{2}. — (Antoine de), 57^{44}.
Verdun, 224.
Vergennes (Comte de), 130^{24}.
Vers (cant. de Boves, arr. d'Amiens), 265.
Vignacourt (cant. de Picquigny, arr. d'Amiens), 234.
Vilers (Pierre de), 62^{16}.
Villaincourt (comm. de Béhencourt, cant. de Villers-Bocage, arr. d'Amiens). Hugue de V., 62^{13}. — (Eustache de), 62^{13}, 62^{30}. — (Robert de), 62^{41}.
Villecholle (Gobinet de), 249.
Villers-sur-Autbie (cant. de Rue, arr. d'Abbeville), 234.
Villevieille (Dom). Trésor généalogique, 73-76.
Vilman, chanoine d'Amiens, 7.
Vilmont (Seigneur de), 236.
Vimeu (Chartes relatives au), 104.
Vinchon (Collection), 260.
VISITATION (Religieuses de la), 222.
Visme (De), 229, 249.
Vismes, terre, 131.
Viterbe (Bulle donnée à), 62^{2}.
Vitry (Bailli de), 134^{4}.
Vitz-sur-Authie (cant. de Crécy, arr- d'Abbeville), 131.

Vivien (N.), 292.
Vlacq, auteur d'arithmétique, 182.
Voisin (comm. de Dompierre-sur-Authie, cant. de Crécy, arr. d'Abbeville), 236.
Vrayet de Moranvillers, 229.
Vuillefroy. Autographe, 249.
Vuyard (Fr. Robert), 145.

W

W., abbé d'Arrouaise, 62^{44} ; voir *Walterus*.
Wadencort, voir Vadencourt.
Wage, territoire, 63^{22}.
Walterus, voir Gautier.
Warengotus, père de Raoul, 62^{40}.
Warloy-Baillon (cant. de Corbie, arr. d'Amiens), 234.
Warty (Françoise de), 60^{4}, 60^{5}.
Werel, greffier, 129^{11}.
Wignier (Famille), 229.
Willelmus, voir Guillaume.
Willencourt (cant. d'Auxi-le-Château, arr. de Saint-Pol), 234.
Wismes (Baronne de), 222.
Woincourt (cant. d'Ault, arr. d'Abbeville), 236.
Wrincourt (Lettre signée), 129^{11}.

Y

Yaucourt-Bussus (cant. d'Ailly-le-Haut-Clocher, arr. d'Abbeville), 234, 236.
Ybertus, voir Ivert.
Yvrench (cant. de Crécy, arr. d'Abbeville), 234.

www.ingramcontent.com/pod-product-compliance
Lightning Source LLC
LaVergne TN
LVHW050558090426
835512LV00008B/1226